悪文・乱文から卒業する

正しい日本語の書き方

スクール東京

Discover
ディスカヴァー

まえがき

「日本人は、美しい国土で、正しい文章を書く人たちである」――。

そんな思いを込めて、『悪文・乱文から卒業する 正しい日本語の書き方』は、執筆された。本書の目的は、特に「文章をやさしく書きたい」という人の役に立つことである。スクール東京で蓄積されたノウハウを基礎に、数十年間、企業研修や、入学試験・資格試験突破のための講義で示されてきた、日本語文章のコツを加味して作成されている。したがって、一般的な文章の書き方を短期間で身に付けるには最適であると確信している。さらに、本書のルールに従うと、文章を書くのが楽しくなり、面白くなっていく。

|1| 本書の対象と特色

❶まず、本書では、主にビジネス・パーソンを対象にした。報告書、会議録、業務日報や社内試験など、ビジネス・パーソンは、常に基礎的な文章力を必要とされる。それなのに、多くの場合、自己流で適当に書いてしまっている。また、ウェブ上で使われている文章にも、乱れが多い。

この本では、仕事を進めるにあたって求められる、最低限の文章力が得られるように工夫した。そのため、表記法、避けるべき表現や文法の知識など、文章についての項目を細かく分解して説明した。

❷したがって、中学生、高校生をはじめ、大学生、大学院生や国家試験の受験生などに対しても、入学試験や就職試験、また、レポートや論文の作成などで、本書のルールは十分に役立つものである。

❸また、私的なハガキや手紙などを書くときにも、大いに参考にできる内容にした。

❹つまり、この本は、小説・詩歌以外のすべての文書に共通するルールを網羅したものである。

よい文章を書くための一般的なルールについては、第1章の記述に譲るが、いちばん大切なポイントを示しておこう。

それは、「よい文章とは、分かりやすく、簡潔な文章」ということである。文書で細かく説明したことは、すべてこの一点につながるといってもよい。

「分かりやすく、簡潔な文章」の内容は、（ⅰ）主題が明確であること（ⅱ）間違いがなく正しいこと（ⅲ）言いたいことがズバリと端的に表現されていることである。

「そのような文章は、自分には書けない」と思われるかもしれない。

しかし、普段、仕事上の文書、また、レポート・論文や手紙などを書くにあたって、本書のルールを参考にしてもらえば、必ず「分かりやすく、簡潔な文章」が書けるようになる。これは、「スクール東京」の長年の研修指導や受験指導を通じて、体験的にいえることである。

「文章はセンスだ」と言う人がいる。その意見にも、一理ある。しかし、小説や詩歌の類ではなく、ビジネス文書やレポート・論文・手紙などでは、とにかく毎日書いて量をこなすことが大切だ。たくさん書くうちに、よい文章の法則が自分なりにつかめてくる。「センス」も、その過程で自然に磨かれてくる。

本書は、「スクール東京」が研究した文章の法則であり、よい「センス」を、だれにでも分かりやすいように、コンパクトにまとめたものである。この本を読み終わった後、「スクール東京」の「日本文章術検定講座」を受けると、さらに文章力が磨かれる。

最後に、「文は人なり」と言われる。しかし、文章だけを見て書いた人の本質や性質を見抜ける能力のある人は、まずいない。だから、「リラックスして、楽しく、面白く書こう」と、することである。

|2| 本書の使い方

❶原則として、1ページごとに完結しているので、どのページから読んでもよい。
❷最初に、目次か索引を見てから読むと効果的である。
❸本文は横書きになっている。縦書きの場合でも、同じように活用できる。

なお、執筆にあたって、株式会社ディスカヴァー・トゥエンティワンの干場弓子社長、藤田浩芳編集局長、渡辺基志氏にご指導・ご協力をいただいた。みなさんとは何十回もミーティングを重ね、読者に役立つ内容にするよう議論を繰り返した。お礼を申しあげます。

全ページが、読者の文章上達に役立つことを切に希望するとともに、読者の「仕事・生活が面白く、豊かになる」ことを心からお祈り申しあげます。そして、これからも「美しい国土と正しい文章」を保ち続けていただきたいと、願っています。

2018年　晩秋
スクール東京　文章研究会

悪文・乱文から卒業する　正しい日本語の書き方
目次

まえがき　2

第Ⅰ章
まずはここから！ 文章上達のための心構え

よい文章とは
1 | 「パッ」とひらめいたことが、文章になる　14
2 | 「清潔で」「面白く」「やさしく」「有意義」が、ポイント　15
3 | 6割の人生観と、4割の情報とテクニックで文章はうまくなる　16
4 | 「サーッと読めて、心に残る文章」が最良である　17

文章上達のコツ
5 | 「書く心構え」を持つ　18
6 | メモ魔になる　19
7 | ピントを、合わせる　20
8 | 表で、考える　22
9 | 具体例を頭に描きながら、書く　23
10 | 読みながら、書く　24
11 | 自分が分からないことは、書かない　25
12 | 推敲（すいこう）は、声に出しながら行う　26
13 | ぎこちない文章は、間をおいてから書き直す　27
14 | 文章は、たくさん書くことで上達する　28
15 | 新聞・本を、丁寧に読む　29
16 | コピーを付ける練習をする　30
17 | 人の話は、メモを取りながら聞く　31
18 | 相手が複数の例を挙げだしたら、表にして理解する　32

覚えておきたい！日本語の文章作法

文章の基本構成

1	「起・承・転・結」の形で、しっかり書けるようにする	34
2	正しい形成の文を、書く	36
3	主語と述語は、なるべく近くに置く	37
4	見出しで、本文の内容を適切かつ簡潔に表現する	38
5	見出しと同じ言葉を、本文中にも使う	39
6	「である調」と「です・ます調」を区別する	40
7	文章は、断定して書く	42
8	書き出しは、短文にする	43
9	文の書き出しは、なるべく"かな"か「 」に入れた漢字にする	44
10	文章は、初めの2、3行で勝負する	45
11	まず結論を書いてから、説明に移る	47
12	説明文では、最初に、全体を1文で説明する	48
13	書く項目のポイントを先に述べる	49
14	主張（結論）と理由を、セットにする	50
15	関連性の強い内容を、まとめて前に置く	51
16	重要度の高いものから、先に書く	52
17	修飾語は、修飾される語の近くに置く	53
18	主語を省いても、よいときがある	54
19	「文頭」と「文末」が文法上、矛盾しないようにする	55
20	文末に、変化をつける	56
21	語順を変えることで、強調する部分を変えられる	57
22	終わりの部分を、大切にする	58

簡潔な文とは

23	主張を、一言で表す	59
24	文は、できるだけ短くする	60
25	「1センテンス・1メッセージ」	61

26	重複表現は、しない	62
27	2、3行の間に、同じ意味の言葉を続けて使わない	64
28	同音の意味の文を、繰り返さない	65
29	不要な修飾語は、使わない	66

句読点と改行の原則

30	句点（くてん）「。」は、文の終わりに打つ	67
31	カギカッコでくくった文章には、句点「。」を打たない	69
32	読点（とうてん）「、」は、「読みやすさ」「分かりやすさ」のために打つ	71
33	読点「、」で、語句の係りをはっきりさせる	73
34	複数の述語が並列する場合、主語に読点「、」は打たない	74
35	通し番号やカッコが続く場合は、読点「、」を打たない	75
36	接続詞は、できるだけ省く	76
37	内容の異なる文は、改行して書く	77

分かりやすい文とは

38	1つの解釈しか、できない文にする	78
39	列挙したいものの表現は、統一する	79
40	単位や範囲を、統一して使う	80
41	種類や要件などを列挙するときは、箇条書きがよい	81
42	肯定部分を先に、否定部分を後に書く	82
43	肯定文と否定文を、混在させない	83
44	事実は、数字を使って具体的に書く	84
45	日時は、原則として具体的に書く	85
46	定義は、50字前後で書く	86
47	定義は、抽象から具体に向けて書く	87
48	定義の文章の形を、整える	88
49	「たとえ話」を入れると、理解しやすい	89
50	「故事」や「ことわざ」で、分かりやすく表現する	90
51	「会話文」を使うと、分かりやすくなる	91
52	時には、「独自の言い回し」を工夫する	92
53	「訓読みの表現」を、なるべく使う	93

| 54 | 引用文には、カギカッコなどを付ける | 94 |
| 55 | 熟語動詞を、和語の動詞に置き変える | 96 |

やってはいけない！日本語の書き方

避けるべき表現

1	決まり文句を、使い過ぎない	98
2	直訳調の表現は、できるだけ使わない	100
3	回りくどい表現を、しない	101
4	漢語調の表現は、できるだけ使わない	102
5	文語調の表現は、できるだけ使わない	103
6	お役所言葉は、使わない	104
7	専門用語や業界用語は、できるだけ使わない	105
8	指示語を、むやみに使わない	106
9	外語語は、むやみに使わない	108
10	副詞句の係りを、明確にする	109
11	カッコは、文中ではなるべく使わない	110
12	責任逃れの表現を、しない	111
13	二重否定の表現は、しない	112
14	漢字は、6字以上続けて使わない	113

使い過ぎてはいけない言葉

15	「必ず〜」は、必要以上に使わない	114
16	「〜を行う」という表現は、なるべく使わない	115
17	「〜化」「〜性」「〜的」という表現は、なるべく使わない	116
18	「〜は〜は」は、使わない	117
19	「〜が〜が」は、使わない	118
20	「の」を3回以上、続けて使わない	119
21	「〜だ」という表現を、3回以上繰り返さない	120

22	「〜こと」を、必要以上に繰り返さない	**121**
23	「私は〜」の表現を、使い過ぎない	**122**
24	「〜という」と「〜と言う」を、区別する	**123**
25	話し言葉を、使わない	**124**
26	文中の「〜である〜」という表現は、省略する	**125**

もう迷わない！日本語表記の原則

漢字とかな

1	常用漢字を、使う	**128**
2	難しい漢字は、「ひらがな」で書く	**129**
3	意味によって、漢字とかなを使い分けたほうがよい語句もある	**130**
4	接続詞・副詞・連体詞・助詞・助動詞などは、かな書きにする	**131**
5	漢字やかなは、文中で統一する	**133**

用語・カタカナ・欧文

6	初めての用語は、直後に説明する	**134**
7	略語を使う場合、初めに正式名称を明記する	**135**
8	カタカナの複合語は、間に中黒「・」を入れて表記する	**136**
9	一般的でないカタカナ表記を使う場合、カタカナと欧文の両方を書く	**137**
10	カタカナ表記を、アクセントとして使う	**138**
11	欧文表記の略語には、日本語の意味を付ける	**139**
12	英字の大文字・小文字の使い分けに、注意する	**140**
13	略語やカタカナ語などは、文中で統一する	**141**

固有名詞の書き方

14	固有名詞は、絶対に間違えない	**142**
15	人名は、必ずフルネームで書く	**143**
16	社名は、正式名称で表記する	**144**

17	登録商標は使わず、普通名詞で表記する	145
18	肩書は、その人名が初めて出るところに付ける	146

あいさつの書き方

19	「拝啓」と「敬具」の書き方を統一する	147
20	礼状は、「1件1礼」にする	149
21	あいさつ文で、季語・決まり文句は、使わない	151

数字の使い分け

22	数字は算用数字を使い、単位数字は「万、億、兆……」を使う	152
23	数字表記は、単位によって使い分ける	153
24	数字は、3ケタごとにカンマ「,」を付けて位取りをする	154
25	概数は、「数」「何」「約」「前後」「余り(足らず)」などで表す	155
26	数値の範囲を示すときは、数字を省略しない	156
27	縦書きの場合は、漢数字を使う	157
28	「以上」「以下」は、基準値を含む	158
29	「〜前」「〜後」は、基準値を含まない	159
30	「ぶり」「目」「足かけ」「周年」を、正しく使う	160
31	文章が公表される年、月や日などを、考えて書く	161
32	前の出来事は、「先日」「最近」「このほど」として書く	162
33	年号表示と西暦表示を、併記する	163

各種符号の使い方

34	文中の符号は、慣用に従って正しく使う	164
35	中黒「・」は、同格の言葉を並べたり、判読しやするために使う	166
36	3点リーダ「…」は、言葉の省略や無言を表すときに使う	168
37	ダーシ「—」は、まとめや問題を提起するときに使う	169
38	文中で項目を羅列して説明する場合、最後の項目の終わりにダーシ「—」を打つ	170
39	ダーシや3点リーダは、2文字分使う	171
40	カギカッコ「　」の中は、二重カギカッコ『　』を使う	172
41	丸カッコ（　）の中の細項目には、〈　〉を使う	173
42	強調したい語句には、カギカッコや傍点ルビなどを付ける	174

| 43 | 項目別に書く場合、見出し符号は「1、(1)、①」を主に使う | 175 |

図の使い方

44	図を用いて、文章をわかりやすく、簡潔にする	176
45	図表には、タイトルと説明文を付ける	178
46	グラフの変化は、時間などの流れに沿って具体的に説明する	180

第Ⅴ章
いまさら聞けない! 日本語文法

助詞の使い方

1	「は」と「が」を、使い分ける	182
2	「に」と「へ」を使い分ける	183
3	「より」と「から」を使い分ける	184
4	「の」を、あいまいに使わない	185
5	「で」を、あいまいに使わない	186
6	接続助詞の「が」を、使いすぎない	187
7	「〜など」を使う場合は、2つ以上の例を挙げる	188
8	性質に関する1例を挙げる場合に、「など」は使わない	189
9	「〜など」「〜ほか」「〜ら」は、人と物とで、それぞれ使い分ける	190

接続の表し方

10	選択の接続詞は、「または」を使う	191
11	並列につなぐ場合は、「と」または「および」を使う	192
12	「と」「や」「および」などは、最後の語句の前に置く	193

送りがな・かなづかい

13	送り仮名は、7つの法則(通則)に従って付ける	194
14	活用のある語は、活用語尾を送る(通則1)	195
15	活用語尾以外の部分に他の語を含む語は、含まれている語の送りがなの付け方によって送る(通則2)	196

16	名詞には、原則として送りがなを付けない（通則3）	**197**
17	活用のある語から転じた名詞には、元の語の送りがなの付け方によって送る（通則4）』	**198**
18	副詞・連体詞・接続詞は、最後の音節を送る（通則5）	**199**
19	複合の語の送りがなは、その複合の語を書き表す漢字の、単独の語の送りがなの付け方による（通則6）	**200**
20	複合の語のうち、慣用的に送りがなを付けないものがある（通則7）	**201**
21	「じ」と「ぢ」、「ず」と「づ」を正しく使い分ける	**202**

間違えやすい表現

22	「ら抜き言葉」は、使わない	**203**
23	尊敬語と謙譲語を、正しく使い分ける	**204**
24	二重敬語は、使わない	**206**
25	敬称を、重複して付けない	**207**
26	副詞を、正しく受ける	**208**
27	よく似た語句、語彙の中で、最もピントの合ったものを使う	**210**
28	紛らわしい用語は、なるべく他の表現に置き換える	**211**
29	自分が誤りやすい表記を、知っておく	**212**
30	同音異義語・同訓異字の間違いに、注意する	**213**
31	略字、俗字や当て字は使わない	**214**
32	誤字を訂正するときは、前後の文章中に同じ誤りがないかを読み返してチェックする	**215**

付録

美しく見える書き方	**218**
数量の数え方（助数詞）	**220**
敬語の基礎知識	**224**
メールの書き方	**226**
スクール東京式　原稿チェックの方法	**228**
索引	**229**

第 I 章

まずはここから!
文章上達のための
心構え

1 「パッ」とひらめいたことが、文章になる

ひらめくためには、日頃からの情報収集が大切である。

ポイント

❶ある題材について、知っていること、書きたいことをアト・ランダムに挙げていく。
　☞文章を表現する動機になる。

❷ひらめいたことを、簡単な文章や図、表などにしてメモする。
　①どんな紙に書いてもよい。
　②机に向かっていなくてもよい。例えば、電車の中、歩行中やトイレの中などでもよい。
　※メモ帳やペンなどは、常に持ち歩く。スマホのメモ機能も活用する。

❸文章や図、表などを順序よく並べる。次のうちの、どれかの順番にする。
　①はじめに（序論）→本論→おわりに（結論）
　②起→承→転→結
　③テーマ→結論→理由
　☞自分の考えが整理される。

❹見出しを、考える。
　☞どんな内容かを、一言で表現する。
　☞「ハッ」とするようなキャッチコピーがよい。

❺下書きをする。
　☞実際に書くことで、完成文の準備段階になる。
　☞不要なもの、足りないものが分かってくる。

❻原稿用紙やレポート用紙などに向かって書く。時々、声に出して読みながら書く。

❼最初の2、3行で読み手を引き付ける。

❽書き終えたあとに、声に出して読み上げながらチェックする。
　☞間違いや、不自然な表現が見つけられる。

❾少し時間をおいて、読み直す。
　☞重要な文章で時間的に余裕がある場合は、1週間から1カ月おいてもう一度見直す。
　※よい文章になるかどうかは、❷から❹のデッサンで決まる。すぐ書き出すようでは、ダメである。

2 「清潔で」「面白く」「やさしく」「有意義」が、ポイント

文章を書くときに、最も重要な4つの要素をつかむ。

ポイント

❶「清潔で」なければいけない（紙や書き方などが、見た目に清潔であること）。
　☞すべての表現の大前提になる。
　☞手書きの場合、特に大切なポイントである。
　☞清潔でないと、内容もいいかげんだと思われる。
　☞内容にも、品がなければいけない。

❷「面白く」なければいけない（ユニークな切り口であること）。
　☞面白いとは、テーマと中身に自分独自の視点やとらえ方があること。
　☞面白くないと、次の文章に読み進んでもらえない。

❸「やさしく」なければいけない（短くて、分かりやすい文章であること）。
　☞内容をだれにでも、理解してもらうため。

❹「有意義」でなければいけない（役立つ内容であること）。
　☞読者に読む価値を提供する。

　※1　「清潔で」→「面白く」→「やさしく」→「有意義」の順序が大切である。「有意義」を最初のポイントにしてはいけない。読みにくいからだ。

　※2　「有意義」な内容でも、「清潔で」「面白く」「やさしく」ないと、読んでもらえない。

3 6割の人生観と、4割の情報とテクニックで文章はうまくなる

自分は何を大切にしているのかという「人生観」が、文章のよしあしを左右する。

ポイント

❶文章がうまくなるには、6割の「人生観」と、4割の「情報」と「テクニック」が必要である。「人生観」は、「テクニック」以上に大切である。
  ☞「人生観」とは「自分は、何のために生きているのか」「自分にとって、いちばん大切なものは何か」を考えることをいう。
  ☞「人生観」がしっかりしていないと、読み手を感動させる文章は書けない。自分の生き方があいまいでは、読み手を説得できるわけがない。「テクニック」だけでは、よい文章にならない。
  ☞「テクニック」もなければ、なおさら読んでもらえない。

❷人の目に触れる文章は、書き手にとっては「氷山の一角」。その一角（文章）を支えるのが、書き手の「人生観」と「情報」「テクニック」である。
  ☞6割の「人生観」と、4割の「情報」と「テクニック」に支えられた氷山（文章）は、安定しており、他人を感動させる文章となる（図①）。
  ☞「テクニック」と「情報」はあるが、「人生観」がしっかりしていない氷山（文章）は、不安定で内容のよくない文章（図②）。
  ☞「人生観」はしっかりしているが、文章を書く「情報」と「テクニック」がない人は、他人に読んでもらえるような文章は書けない（図③）。

❸本書は、「テクニック」に焦点を当てているが、人生観を磨くことも忘れてはならない。

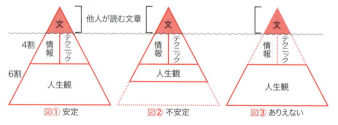

4 「サーッと読めて、心に残る文章」が最良である

「よい文章」の本質とは何か。

ポイント

❶よい文章とは、「サーッと読めて、心に残る文章」である。
- 「サーッと読める」とは、内容がシンプルかつ論理的であり、誤字脱字などの欠陥がないこと。
- 「心に残る」とは、読み手が満足し、覚えておきたい、メモしたいと思うような文章である。
- 「サーッと読める」のは、「清潔で」かつ「やさしい」から。「心に残る」のは、「面白く」かつ「有意義」だからである。つまり、文章に必要な4つの要素を満たしている。

❷文章の「よしあしの判断基準」を示したのが、次の表である。

	心に残る	心に残らない
サーッと読める	①〇（最高）	②×（内容がよくない）
サーッと読めない	③△（難しい）	④×（最悪）

①「サーッと読めて」、「心に残る」文章が最高。
②「サーッと読める」が「心に残らない」文章は、内容がよくない。
③「サーッと読めない」が「心に残る」文章は、内容は優れているが、一般人になじまない。
④「サーッと読めなくて」、「心に残らない」文章は、最悪。

5 「書く心構え」を持つ

正しい心構えを持つことで、あなたの文章は格段によくなる。

ポイント

❶「人生の夢」をもつ。
　☞大きな目的があると、苦しいときでも文章を書こうという気持ちがなくならない。
❷よい作品を書く目標をもつ。
　※具体的なテーマを決めること。
❸「自分は、文章が書ける」と思う。
　☞ものごとをプラス思考すると、そのことが達成できるようになる。脳が、「できるように、できるように」働くのである。
　☞「文章を書くのが、難しい」とマイナス思考すると、ますます、ビビッてしまう。ペンが進まなくなる。
❹期限を切る。
　☞ダラダラすると効果がない。
　☞時間が限られていると、文章を書く「集中力」が付く。
　☞時間に余裕があると、かえってよい文章が書けない。
❺プラス思考した後、すぐ書き出す。
　☞やれば、簡単なものだということが分かる。
❻よく考える。
　※ものごとの本質や方法などを、熟慮する。そうすると、書くことが苦にならなくなる。
❼書く量を増やす。
　☞少ない練習量では、上達しない。
❽改善ノートを作る。
　☞同じミスを犯さないため。他者からの意見なども記録する。
❾この本を、よく読む。

6 メモ魔になる

文章の素材を集めるために、日頃からメモをとる習慣を持とう。

ポイント

❶メモを取る。
- ☞「人間は、忘れる動物である」。
- ☞メモを取るうちに、考えがまとまることが多い。
- ※メモは、「何でも」「何にでも」「いつでも」「どこでも」「どんな方法でも」よい。

❷筆記する対象は、次のようなものがある。
　①仕事中に思いついたこと
　②勉強中に気づいたこと
　③読書の内容
　④散歩のときにひらめいたこと
　⑤観劇やスポーツ観戦のときの感動
　⑥人の話
　⑦頭にふと思いついたこと
　⑧夢にみたこと
　⑨その他

❸メモを取るものは、次のようなものがある。
　①メモ用紙
　②ノート
　③パソコン・スマホ
　④不要紙
　⑤ナプキン
　⑥紙切れ
　⑦自分の手
　⑧その他

❹メモを取る方法は、次のようなものがある。
　①思いついたとき、すぐ、その場で書く。
　②走り書きする。
　③原則として、「1枚に1項目」にする。後で、整理しやすい。
　④相手の本音を引き出したいときは、メモをしない。1人になってからメモする。

7 ピントを、合わせる

よい文章は、テーマの定義や目的が明確である。

「ピントが合っている」とは、テーマの定義や目的がはっきりしており、読み手が欲しい情報を過不足なく提供していることである。
例えば、「よい温泉旅館の条件」というテーマで文章を書く場合の、わるい例、よい例を示す。

> ✕ わるい例
>
> よい温泉旅館の条件とは、まず温泉そのものである。温泉とは、地中から湯が湧き出す現象や、湯となっている状態をさす。熱源で分類すると、火山性温泉と非火山性温泉に分けられる。含まれる成分により、さまざまな匂い、色、効能の温泉がある。……

> ○ よい例
>
> よい温泉旅館の条件とは、まず、温泉そのものが、「源泉100%かけ流し」であって、「循環式」でないことである。
> 「源泉100%かけ流し」とは、天然の源泉のみをそのまま使用しているものであり、本物の温泉である。「循環式」とは、お湯をろ過し何回も使い回しているものであり、本来の温泉とはいえない。
> 次の要件としては、〜

ポイント

❶ 特定のテーマについて、ピントを合わせた内容を書く。
　☞ 読み手が納得する。
　※1 わるい例は、温泉の定義を長々と説明しているだけで、読者の求める「よい温泉旅館の条件」の情報を提供できていない。ピントが合っていない。
　※2 「よい温泉旅館の条件」という以上は、まず、「よい温泉」の内容にピントを合わせなければならない。
❷ ピントを合わせるためには、日頃から、ものごとをよく考えることである。

☞考えないで文章を書くと、甘い内容になる。
❸「何を書くのか(WHAT)」「目的は、何か(WHY)」「だれのためなのか(for WHOM)」という 3W は、最低限おさえておくべきである。

8 表で、考える

文章を書く準備として、表を使うと分かりやすい。

例

①

	（テーマ）A	（テーマ）B
起		
承		
転		
結		

②

	（テーマ）A	（テーマ）B
結　論		
理　由		

③

	（テーマ）A	（テーマ）B
定　義		
目　的		
内　容 （経　過） （要　件） （種　類） （特　色） （欠　陥） ⋮		

ポイント

❶テーマに関して、図表を書いて構成をする。

❷横軸には、テーマを書く。テーマが2つ以上ある場合は、羅列する。

❸縦軸には、「起」「承」「転」「結」や「結論」「理由」または、「定義」「目的（主旨）」「経過」「要件」「種類」「特色」「欠陥」などを書く。

☞書くべき内容が、ハッキリする。

☞漏れが、なくなる。

☞縦横の項目同士が、比較しやすい。

9 具体例を頭に描きながら、書く

感覚や数字、比喩などを用いて、個別的・具体的に書くことを心がける。

ポイント

❶ 自分が体験したことや、具体的な例を頭に描きながら文章を書く。
　☞ 臨場感が出る。
　※ 場合によっては、身振り手振りを交えて、TPO（時・場所・場合）を想像しながら書く。5官（目、口、手、耳、鼻）を使って書くとよい。
　☞ 例えば、「講義」についての文章を書く場合には、自分が学生時代に受けてきた「授業」や「講義」の内容を思い出しながら書く。また、ある製品の企画書を書くような場合には、その製品が完成したあと、自分が消費者として使うことを想定しながら書く。

❷ 具体例を文中に入れる。
　☞ 分かりやすくなり、説得力が出る。
　☞ 空理空論で書かれた文章は、難しいだけ。読み手に文意が伝わらない。

❸ 数字や比喩などを、活用する。

10 読みながら、書く

読むことで、文章の流れや違和感をつかむことができる。

ポイント

❶ 文章を少し書いては、声に出して読み返してみる。
  ☞ 文章がぎこちないと、流れるように読めない。
❷ 読み手の立場に立って読む。
  ☞ 独り善がりの間違いや疑問点を発見できる。
  ☞ 特定の人物を、頭の中で思い描いて読むのも有効。
❸ 全文を書き終えたら、もう一度、声に出して読み返す。
  ☞ 間違いがチェックできる（自分の声が、「編集デスク」の役割を果たす）。
  ※声に出して読み返すのは、「1時間後」「1日後」「1週間後」などにする。文章の内容を客観的にとらえることができる。

11 自分が分からないことは、書かない

書き手が理解していないことを、読み手が理解することはできないのだ。

ポイント

❶ 自分が分からない事柄は、文章にしない。
  ☞「ごまかしの文章」では、読み手を納得させることはできない。
  ☞ どんなにうまい文章でも、書き手が半分しか分かっていない場合、「この書き手は、内容を理解していない」と、読み手に分かってしまう。
  ☞ 文章に、説得力や迫力がなくなる。
❷ 自分が文章にした内容は、すべて理解しておく。
❸ 漢字や言葉の意味が不確かであったら、すぐ辞書を引く。
  ☞ 言葉は、適切に使われて初めて意味が通じるものだから。
  ☞ 人間の記憶は、いいかげんなものである。
❹ 辞書を引くことで、誤字・脱字や当て字がなくなる。
❺ 不明点が多い場合には、文章を書きながら不明な漢字や言葉に△印を付けておき、後でまとめて調べるとよい。
  ☞ 効率的だから。
  ☞ その都度、辞書を引いていると、書く流れがとだえてしまうから。
❻ 数字は、文章を書き終わってから、正しいかどうかをしっかり確認する。
  ☞ どんな場合も、正確な情報を提供するため。
  ☞ 読み手の信頼を得るため。
❼ 仕事上の数字は、「命」と思って正しく使う。
  ☞ 請求書の金額などで、300万円のところを800万円と間違えたら大変なことになる。
  ☞「0」と「6」、「1」と「7」や「3」と「8」は、間違いやすいから注意する。
  ※インターネットでの情報を、収集する読者も多いと思う。しかし、ネット上には、フェイク・ニュースをはじめ、信憑性の乏しい情報も存在する。情報収集は、ネットだけに頼らず、信頼のおける資料にあたること。

12 推敲（すいこう）は、声に出しながら行う

声に出すことで、文章のリズムや誤字脱字などを見直すことができる。

ポイント

❶文章を書いたら、必ず2回以上「推敲」する。
☞書き漏らしを防ぐことができる。
☞独り善がりの表現をなくすことができる。
☞誤字・脱字や当て字をなくすことができる。

❷推敲の際には、声に出して文章を読む。
☞スンナリ読めないのは、悪文の証拠。
☞声に出すことで、耳から聞こえてくる文章を、第三者の立場に立ってチェックできる。

※1　自分だけでは自信が持てないときは、家族や友人などに読んでもらい、批評してもらうとよい。

※2　よく似たテーマで書かれた他人の文章と、自分の文章を読み比べてみることも有効。
☞他人の文章と比べると、自分の文章に不足しているものを発見できる。
☞自分の文章の優れている点も分かる。

※3　他人の文章の中から、自分が書こうとする文体に近いものを選んで、書き写す。
☞文章のリズムをマスターできる。

❸気持ちを、鬼にして読む。

13 ぎこちない文章は、間をおいてから書き直す

時間をおくと、より冷静になって、その文章に向き合うことができる。

ポイント

❶ 自分で書いた文章を読み返してみて、意に沿わないと感じたら、間をおいてから書き直す。

※どれぐらい間をおくかは、ケースによって異なる。20～30分ほど気分転換してからという場合もあるし、1日、1週間、場合によっては半年ぐらい経ってから書き直すとよいこともある。☞流れがよくなる。

❷ 書き直しは、次の順序で行うとよい。
①流れが悪い部分を含む、前後10行ぐらいを書き直す。
②節全体を書き直す。
③章全体を書き直す。
④全部を書き直す。

❸ 書き直した文章は、その場で声に出して読む。
☞分かりやすくなったかどうかを、確かめるため。
☞手間ではあるが、億劫（おっくう）がらずにやること。
☞よい文章を書くためには、大切である。
☞文章の質が、3割ほどよくなる。

14 文章は、たくさん書くことで上達する

センスを言いわけにして、書く量を怠ってはいけない。

> ポイント

❶ 文章は、量をこなすことで上達する。

❷ いくらセンスがあるといっても、たくさん書かなければうまくならない。

☞ 実践がなにより大事である。

※「センスがなければダメ」「センスがすべて」などと、能書きばかり言う人の話を聞く必要はない。

❸ 考えながら、多くの文章を書く。

☞ 常に、読者に訴える文章にしようと思いながら書く。何も考えずに、多量に書くだけではダメである。

※書く量を増やすためには、以下のようなことが有効。

　①毎日、ハガキや手紙を書く。
　②日記をつける。
　③社内連絡を文書にして伝える。
　④よいテーマであれば、ブログも有効。

| 第Ⅰ章 | まずはここから！文章上達のための心構え

15 新聞・本を、丁寧に読む

さまざまな媒体を日頃からチェックし、問題意識を持つことが重要だ。

ポイント

❶毎日、新聞、本、雑誌やウェブ記事などをていねいに読む。仕事に関係する内容や、関心のあるものなどを中心に、いつも新しい情報を取り入れるようにする。
　☞情報は、常に取り入れていないと古くなる。
　※日頃から「問題意識」を持つことが大切。

❷必要な記事は、切り抜いてファイルする。
　☞読んだだけでは、すぐに忘れてしまう。
　※読んでから切り抜くのが鉄則。読まないで切り抜くのは、結果的にムダになる。

❸文章を書くときの、材料とする。
　☞文章が生きてくる。
　※新聞に限らず、雑誌、テレビやインターネットなどからも、積極的に情報を取り入れる。他人との雑談からも意外と新しいことが入手できる。
　※内容を重視し、表現方法や文法についてはあまり神経質に参考にしなくてもよい。

❹非常に参考になると思う本は、同じものを2冊買う。

❺資料用と保存用に、使い分ける。

16 コピーを付ける練習をする

よいコピーを付けることは、よい文章を書くことにつながる。

例

❶人生について
①「面白くないと、人生ではない」
②「一瞬一命」

❷社会について
①「世界は、ひとりの複数形でできている」
②「日本の劣化を防ぐ」

❸ビジネス
①「働き方改革」
②「働いて、笑おう」

❹勉強
①「暗記は忘れる。気づきは残る」
②「正解への近道は、不正解です」

❺家庭
①「愛は食卓にある」
②「家族の幸せは、ママの笑顔でできている」

❻個人
①「好きなことで、生きていく」
②「昨日の自分に、勝つ」

❼友人
①「同じ程度の努力をしないと、友情は続かない」
②「あいさつするたび　ともだちふえるね」

❽健康
①「笑っている肌は美しい」
②「ぐっすりが、いちばんのくすり」

ポイント

❶職場や家庭などで、日頃起こることに対して、コピーやタイトルをつける。
　☞人生・仕事・生活などにメリハリがつく。
　☞ダラダラしがちな言動を、一言で表現するから、ムダのない考えができる。
❷コピーやタイトルを書き留めておく。
❸書き留めたものを、項目別に分けておく。
　☞後日、書く文章の参考になる。

17 人の話は、メモを取りながら聞く

理解の手助けや、相手への配慮を表すことができる。

ポイント

❶目上の人に限らず、それが仕事上のことであれば、必ずメモを取る。
- ☞熱心に聞いて理解したつもりでも、聞き終えて30分も経てば、細かいことは、ほとんど忘れてしまうから。
- ☞数字や固有名詞は、後からではなかなか思い出せない。
- ☞話を聞いているときは分かりにくかったことでも、メモを見ているうちに理解できることがある。

❷話している相手に、こちらの熱意が伝わる。
- ☞相手が不安がらない。

❸メモを取り出すのを見て、相手が身構えたら、「メモを取ってもよろしいでしょうか?」と了解を得る。

※もし断られたら、メモはすぐしまう。
※また、ICレコーダーで録音するときは、必ず事前に了解を得る。

18 相手が複数の例を挙げだしたら、表にして理解する

複数の事柄は、表にすることで違いをはっきりさせられる。

例

	A案	B案	C案
定義	------- ------- ------- ----	------- ------- ------- ----	------- ------- ------- ----
目的	------- ------- ------- ----	------- ------- ------- ----	------- ------- ------- ----
内容	------- ------- ------- ----	------- ------- ------- ----	------- ------- ------- ----

ポイント

❶ 数字が出た瞬間に、メモ用紙を「その数プラス1」になるように縦に区切る。幅は均等にする。

❷ 上の1行分のところに区切りの横線を引く。そこに「A案」「B案」「C案」……と書いておく。

❸ 一番左の欄に、上から順に定義、目的や内容など、話し手が順次説明していく項目を書いていく。

☞ 複数の案を、瞬時に比較できる。

☞ ポイントの違いがはっきりして、後で質問しやすい。

このマトリクス表のやり方を、本書を読む前から実行していたなら、あなたは"スーパービジネスパーソン"である。成功すること間違いなし。

第 II 章

覚えておきたい！
日本語の文章作法

1 「起・承・転・結」の形で、しっかり書けるようにする

文章には、理解しやすい流れがある。
分かりやすい文章の構成で、組み立てられるように心がける。

例

起 昔々、あるところにおじいさんとおばあさんが住んでいました。おじいさんは山へ芝刈りに、おばあさんは川へ洗濯に行きました。おばあさんが川で洗濯をしていると、大きな桃がどんぶらこ、どんぶらこと流れてきました。家に持ち帰り、桃を包丁で切ってみると、中から男の子の赤ちゃんが、"オギャア、オギャア"と泣きながら出てきました。二人はその子を桃太郎と名づけました。

承 桃太郎はすくすく成長し、立派な若者となりました。その頃、村では鬼がしょっちゅうやってきて悪さをはたらき、村人を苦しめていました。そこで、桃太郎は「鬼が島」へ鬼を退治に行くことを決心しました。おじいさんとおばあさんは、きびだんごを作ってやり、桃太郎を見送りました。鬼が島への道中、桃太郎は犬、猿、キジを仲間にしました。

転 桃太郎たちは海を渡り、「鬼が島」に到着しました。鬼のアジトに到着し、鬼たちとの戦いが始まりました。犬、猿、キジの働きもあり、桃太郎は鬼退治を成功させました。

結 桃太郎たちは、鬼たちが奪った宝物を取り返し、村へ戻りました。村人は大喜びして、村には平和が訪れました。

ポイント

❶「起・承・転・結」の順で、しっかり文章が書けるようにする。
　☞「起・承・転・結」ができていない人の文章は、読みにくく、分かりにくい。
❷「起・承・転・結」で確実に書けるようになったら、「転」や「結」を最初に持ってくるなどの工夫をしてもよい。
　☞内容に合った文章の組み立て方を選ぶことで、魅力ある文章になる。

「起・承・転・結」は、もともと漢詩の作法からできている。

「起」とは、事を説き起こす。　　　　　　　→主題を投げかけ、
「承」とは、それを承（う）けて説き進める。→展開し、
「転」とは、想を転じ、趣を変える。　　　　→場面を転じて、
「結」とは、全体をまとめて結ぶ。　　　　　→主題をまとめる。

❸「序論」「本論」「結論」という組み立てで、書いてもよい。
❹学術論文では

　Abstract（概要）
　Introduction（導入、背景）
　Methods（手法）
　Results（結果）
　Discussion（考察）

という構成もあり、ビジネス文章でも参考にできる。

2 正しい形式の文を、書く

文の構造の種類を知って、表現を使い分ける。

例

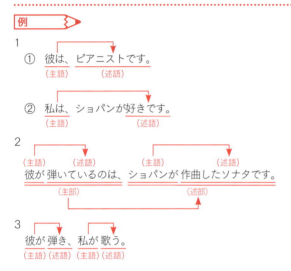

1
① 彼は、ピアニストです。
　(主語)　(述語)

② 私は、ショパンが好きです。
　(主語)　　　　(述語)

2
(主語)　(述語)　　(主語)　　(述語)
彼が 弾いているのは、ショパンが 作曲したソナタです。
　　(主部)　　　　　(述部)

3
彼が 弾き、私が 歌う。
(主語)(述語)(主語)(述語)

ポイント

❶単文、複文や、重文の違いを知る。
　①単文とは、主語と述語の関係が1回だけで構成されている文（例1
　　―①、②）。
　②複文とは、主部と述部との関係がある文で、主部と述部のそれぞれ
　　にさらに主語と述語との関係が含まれている文（例2）。
　③重文とは、主語と述語との関係が2回以上あり、しかも対等に並ん
　　でいる文（例3）。

3 主語と述語は、なるべく近くに置く

主語と述語の間に、あれこれ修飾語を入れると、分かりにくい文になる。

> **×わるい例**
> 年初からの突然の円高は、バブル崩壊以来の大きな打撃を、製品の輸出に頼っているわが国の企業、特に中小の下請企業に与えた。

> **〇よい例**
> ①製品の輸出に頼っているわが国の企業、特に中小の下請企業にとって、年初からの突然の円高は、バブル崩壊以来の大きな打撃であった。
> ②年初からの突然の円高は、わが国の企業、特に中小の下請企業にバブル崩壊以来の大きな打撃を与えた。というのも、それらの企業は、製品の輸出に頼っているからだ。

ポイント

❶ 主語と述語は、なるべく近くに置く。
❷ 主語と述語を近くに置くためには、その間にある修飾語を前に出す(よい例①)。
❸ 1つの文を2つに分けることで、主語と述語を近づけることも考える(よい例②)。

4 見出しで、本文の内容を適切かつ簡潔に表現する

魅力的な見出しは、読み手の読む気をかき立てる。

時間もお金も節約する、若者の恋愛観の変化

恋愛も「コスパ」重視に

ポイント

❶見出しは、本文の内容を適切かつ簡潔に表現する、最初に置く言葉である。標題、タイトルなどともいう。その文章の心臓部を、ズバリ一言で言い当てることが大切である。

❷見出しを考えてから、文章を書く。
- ☞先に見出しを考えることで、文のテーマ、構成やポイントなどが明確になる。
- ☞文章を書いてから見出しを考えていたのでは、文全体にまとまりがなくなってしまう。
- ☞叙述の練習にもなる。

❸書き終わってから、もう一度、見出しを見直すとなおよい。

❹見出し付けがうまくなるための方法
①新聞を読むときに、見出しを隠しながら読む。
②新聞記事に自分なりの見出しを付けてみる。
③②の見出しは、1つ10字程度までにする。
④自分が付けたものと、新聞記事のものとを比べてみる。
- ☞新聞記事の見出しと比べることで、適切で簡潔な表現がよく分かる。

⑤読み手に「驚き」と「共感」を、感じてもらうようにする。

5 見出しと同じ言葉を、本文中にも使う

見出しの言葉を本文にも使うことで、読み手の理解をより深めることにつながる。

> **✕ わるい例**
> 見出し→ 文はなるべく短くする
> 本　文→ これが、分かりやすい文章を書くコツである。1文が長すぎると、一貫性のない文章になりやすい。

> **○ よい例**
> 見出し→ 文はなるべく短くする
> 本　文→ 分かりやすい文章を書くコツは、文をなるべく短くすることである。1文が長すぎると、一貫性のない文章になりやすい。

 ポイント

❶見出しと同じ内容の言い回しを、本文中にも使う。
　☞見出しの内容をあらかじめ頭に入れながら、読み進むことができる。
　☞読んでいて安心感がある。
❷見出しと同じ言葉が本文中にないと、読み手が、見出しと本文との関係を結び付ける作業をしなければならなくなる。
　※ただし、本文の冒頭で、見出しとまったく同じ言葉を繰り返すと、しつこい感じになる場合がある。その場合は、本文で言い回しを変えるとよい。
❸語句を、完全に一致させる必要はない。

6 「である調」と「です・ます調」を区別する

1つの文章では、文末表現をそろえて統一感を出す。

> **×わるい例**
>
> 　人生100年の時代を迎え、定年は「第二の人生の始まりの時」といえるでしょう。第二の人生を快適で有意義なものとするためにも、年金や保険などの諸手続きをきちんとすませておかなければなりません。
> 　しかし、何をどうしたらよいのか、見当もつかない人がほとんどのようだ。何かよいガイドブックはないものでしょうか。

> **○よい例**
>
> 〈である調〉
> 　人生100年の時代を迎え、定年は「第二の人生の始まりの時」である。第二の人生を快適で有意義なものとするためにも、年金や保険などの諸手続きをきちんとすませておかなければならない。
> 　しかし、何をどうしたらよいのか、見当もつかない人がほとんどのようだ。何かよいガイドブックはないものだろうか。
> 〈です・ます調〉
> 　人生100年の時代を迎え、定年は「第二の人生の始まりの時」といえるでしょう。第二の人生を快適で有意義なものとするためにも、年金や保険などの諸手続きをきちんとすませておかなければなりません。
> 　しかし、何をどうしたらよいのか、見当もつかない人がほとんどのようです。何かよいガイドブックはないものでしょうか。

ポイント

❶「である調」と「です・ます調」の文体が混じってはいけない。
　☞ 読み手が、混乱する。
❷ビジネス文書の場合は、原則として「である調」で統一する。
　☞「である調」のほうが、簡潔で文のキレがよくなる。
　☞ ビジネス文書では、内容を読み手に正確に伝えるのが第一の目的。

文章の雰囲気を出すことを考えるのは、その後でよい。
❸読み手が子どもや高齢者の場合は、やさしい雰囲気を出すために「です・ます調」で統一するとよい。この場合は、文字も一回り大きくすることが望ましい。
　※「である調」の場合は、多少、難しい言葉を使ってもよいが、「です・ます調」の場合は、できるだけやさしい言葉遣いにする。
❹ビジネス文書でも、儀礼文書や取引文書などでは「です・ます調」で丁寧に書く。

7 文章は、断定して書く

「〜だろうか」「〜かもしれない」などの、あいまいな表現は避ける、説得力を持たせる。

> **×わるい例**
> 　1つの仕事は、多くの人との関係の中で成り立っているのではないだろうか。多くの人と仕事をする以上、トラブルが起こるのはやむを得ないのではなかろうか。したがって、よい仕事ができるか否かは、トラブルの調整のために、いかに段取りをよくするかにかかっているかもしれない。これも、ビジネスパーソンにとって大切な能力の1つではなかろうか。

> **○よい例**
> 　1つの仕事は、多くの人との関係の中で成り立っている。多くの人と仕事をする以上、トラブルが起こるのはやむを得ない。したがって、よい仕事ができるか否かは、トラブルの調整のために、いかに段取りをよくするかにかかっている。これも、ビジネスパーソンにとって大切な能力の1つである。

ポイント

❶文章は原則として、断定して書く。
　☞説得力のある文章になる。
　☞短くなる。
　☞文章が、イキイキする。
❷「〜だろうか」「〜なかろうか」「〜かもしれない」「〜らしい」「〜と解する」「〜が業界の通説である」「〜と思う」「〜と考えられる」や「〜といわれている」などは、なるべく使わない。
　☞内容をぼかしたり、責任逃れにしないためである。
　☞文章を、強くするためでもある。
❸読者に問いかけたい内容の場合は、ぼかす表現を使ってもよい。

| 第Ⅱ章 | 覚えておきたい！日本語の文章作法

8 書き出しは、短文にする

短文と後にくる長文をうまく組み合わせることで、文章にリズムが生まれる。

　　わが輩は、自分の名前がまだ付いておらず、どこで生まれたかもまったく分からない猫である。

吾輩は猫である。名前はまだ無い。
どこで生れたか頓と見当がつかぬ。
　　　　　　　　　　　　　　（夏目漱石『吾輩は猫である』）

ポイント

❶書き出しで読者の心をつかむためには、なるべく短い文で断定する。
　☞書き出しの文が長いと、読み手を引き付けられない。
　☞長文では、分かりにくくなる。
❷歯切れよく、短文でたたみかける。
❸「短文・短文・長文」という組み合わせが、文章にリズムをつくる。

9 文の書き出しは、なるべく"かな"か「　」に入れた漢字にする

初めから、スムーズに読んでもらうために、書き出しは漢字を避ける。

　　集団示威運動の自由は、表現の自由に含まれるか、集会の自由に含まれるかが問題になる。

①デモ行進の自由ともいわれる集団示威運動の自由は、表現の自由に含まれるか、集会の自由に含まれるかが問題になる。
②「集団示威運動の自由」は、表現の自由に含まれるか、集会の自由に含まれるかが問題になる。

ポイント

❶文の書き出しは、なるべく「ひらがな」か「カタカナ」にする。
　☞読み手に、スムーズに読み出してもらえる。
　☞文章全体に肩がこらない印象を与える。
　☞漢字が多い文章の中で、「バリアフリー」の効果がある。
❷"かな"にすることができない場合は、最初の漢字を「　」に入れる。
　☞この場合の「　」も、「バリアフリー」の効果になる。
❸場合によっては、数字から書き出してもよい。

| 第Ⅱ章 | 覚えておきたい！日本語の文章作法

10 文章は、初めの2、3行で勝負する

文章の出だしが、読者を引き付けるかどうかを決める。

✕わるい例
　バブル経済の最中、日本企業はアメリカの企業を次々と買収し、世界の名画を買いあさった。経済力にモノをいわせて、かなり強引なビジネスも行ってきた。それが、いまは出口の見えない不況に悩まされている。この日本経済の沈滞ぶりは、それまでの繁栄が、株価・地価の高騰だけに支えられていたことを示している。株価や地価は、いともたやすく乱高下するものであり、日本は、いわば見せかけの強さを誇っていたといえよう。この日本経済の沈滞ぶりを打開する妙案はないものか。

○よい例
　日本経済の繁栄は、見せかけの強さであった。つまり、株価・地価という、いともたやすく乱高下するものに乗った繁栄にすぎなかったのだ。このバブル経済の最中、日本企業はアメリカの企業を次々と買収し、世界の名画を買いあさった。経済力にモノをいわせて、かなり強引なビジネスも行ってきた。それが、いまは出口の見えない不況に悩まされている。この日本経済の沈滞ぶりを打開する妙案はないものか。

ポイント

❶文章は、初めの2、3行でよしあしが決まる。初めに読み手に「オヤッ」「なるほど」と思わせる投げかけを工夫する。

❷特に、最初の1文で、文章全体の出来、不出来の50％が決まってしまう。
　☞文章の初めで読み手を引き付けられないと、次に読み進んでもらえない。

❸文章は、断定形で書く（第Ⅱ章7項参照）。

❹読み手を引き付けるには、何も特別に凝った言葉を並べる必要はない。

❺文章全体の流れの中で、冒頭に何を述べたらいちばん効果的かを考える。よい例では、「日本の繁栄＝見せかけの強さ」という書き出しで、

読み手を引き付けている。
❻読者を引き付ける主な要素
　・共感
　・意外性
　・新規性
　・実用性　など

11 まず結論を書いてから、説明に移る

2文目以降から理由を説明することで、論理的な構造となる。

> **×わるい例**
> 学校の教師は、学問を究めた先輩としてだけでなく、よりよ
> （主部）　　　（説明）
> い社会人としても生徒の模範になるべきだから、普段から自ら
> 　　　　　　　　　　　　　　　　　　　　　（述部）
> の生活を清く保つべきである。

> **○よい例**
> 第1文──（主部）＋（述部）。
> 　学校の教師は、普段から自らの生活を清く保つべきである。
> 第2文──その理由は、（説明）〜。
> 　教師は、学問を究めた先輩としてだけでなく、よりよい社会人としても生徒の模範になるべきだからだ。

ポイント

❶報告書や論文などでは、原則、結論を先に、理由（説明）を後に書く。
　※これは原則であり、絶対的なルールではない。
❷無理に1つの文にせず、2つに分ける。
❸第1文で、結論を書く。
　☞内容が、一目で分かる。
❹第2文以降で、その理由を説明する。
　☞結論の文と、説明の文を混同しないで読むことができる。
　☞論理的な印象になる。
　※ただし、手紙や随筆などの場合は、結論を後にすることもある。

12 | 説明文では、最初に、全体を1文で説明する

まず1文で大枠を説明して、その後に詳細を説明すると分かりやすい。

> **×わるい例**
> よい文章を書くためのポイントとしては、第1に、読むときの感じをよくするために「清潔」であること、第2に、読んでもらうために「面白い」こと、第3に、内容が理解しやすいように「やさしい」こと、第4に、読む価値があるように「有意義」であることが挙げられる。

> **○よい例**
> よい文章を書くためのポイントは、「清潔」「面白い」「やさしい」「有意義」の4つである。次に、これらを説明する。
> ①「清潔」とは、〜。
> ②「面白い」とは、〜。
> ③「やさしい」とは、〜。
> ④「有意義」とは、〜。

ポイント

❶説明文では、その目的や特徴などを、まず、1文で説明する。
　☞読み手が、何を説明する文章かを理解できる。
❷初めの1文の中で、いくつの項目に分けて説明するかを示す。
　☞読み手が、安心して文章を読み進められる。
❸次に、目的や特徴などを①、②、③……と列挙して詳しく述べる。
❹上記❶〜❸を書いた後に、各項目の重要性による順番やそれぞれの関係を説明する。
　☞読み手の理解をより深めるためである。

13 書く項目のポイントを先に述べる

ポイントを最初に明確にすることで、読み手が安心して読める。

司法改革は、日本における司法制度の民主化を実現し、裁判の迅速化を図ることを目的としている。

司法改革の目的は、日本における司法制度の民主化を実現し、裁判の迅速化を図ることである。

ポイント

❶書く項目のポイントが何であるか（上の例では「目的」）を先に書く。
　☞読んでいて安心感がある。
　☞理解しやすい文になる。
❷わるい例のように、「司法改革は」と「目的としている」の間に長い説明が入ると、何を論点としているのか分かりづらい。読んでいて落ち着かない文章になる。
　☞わるい例は「読み手を満足させる」という気持ちのない、"上から目線"の書き方である。
❸「目的」と同じように、「問題」「特色」「要件」など、文の論点を表す言葉は先に持ってくる。

14 主張（結論）と理由を、セットにする

主張に、その理由をつけ加えることで、読み手を納得させる文章となる。

　私は、プールで泳ぐよりも海で泳ぐほうが好きだ。しかし、夏の海はどこも大変な混みようだ。

　私は、プールで泳ぐよりも海で泳ぐほうが好きだ。遠く水平線を眺めながら泳ぐと、気持ちが実に爽快になるからだ。
　しかし、夏の海はどこも大変な混みようだ。

ポイント

❶ 結論を述べた1文の後には、原則として、その理由を付記する。
　☞ 理由（なぜ）を書かなければ、読み手が文意を納得しにくくなる。
　☞ 書く人の独り善がりにならないために。
❷ 理由（なぜ）が分かりきっている場合は、わざわざ書く必要はない。
　〈例〉「空は青い」や「地球は丸い形をしている」など。

15 関連性の強い内容は、まとめて前に置く

書く順番を整えると、論理も明確になる。

今年のリンゴは、とても赤く、形もよい。昨年のリンゴは、形がわるく酸味も強かった。今年のリンゴは、甘いと評判である。それに値段も安い。

今年のリンゴは、とても赤く、形もよい。甘くて値段も安いと評判である。しかし、昨年のリンゴは、形がわるく酸味も強かった。

ポイント

❶文章の順番が整っていないときには、関連性の強い内容をひとまとめにする。
　☞関連性の薄い文章が途中に混じってくると、読み手が混乱する。
❷主題として論じている内容は、前に置く。
　☞主題が先に書かれていたほうが、読み手は理解しやすい。
❸上記のわるい例では、今年のリンゴの記述の途中に、昨年のリンゴの記述（下線部分）が混じってしまっている。主題である今年のリンゴの話をひとまとめにして、先に述べるのがよい。

16 重要度の高いものから、先に書く

順番によって、読み手に重要性の違いを理解してもらえる。

A社からの来賓は、4人である。
宣伝部の部長、課長と専務。それに、社長である。

A社からの来賓は、4人である。
社長と専務。それに、宣伝部の部長と課長である。

ポイント

❶ 重要度の高いものから低いものへという順に書く。
　☞ 重要度の順番が前後すると、読み手が混乱してしまう。
❷ どの事柄が重要かは、文章ごとに異なる。上記の例では、役職の説明だから、一番上の社長を前に置いた。

17 修飾語は、修飾される語の近くに置く

修飾語と被修飾語の関係がはっきりし、理解しやすい文章になる。

① 決して彼は、みんなが言っているようなわるいことはしていない。
② 彼は、決してみんなが言っているようなわるいことはしていない。

　　彼は、みんなが言っているようなわるいことは決してしていない。

ポイント

❶ 修飾語がどの言葉に係るかを、常に意識して文章を書く。
　☞ 文意が通じやすくなる。

〈例〉　長身の　彼女が、　素早く　走った。
　　　（修飾語）（被修飾語）（修飾語）（被修飾語）
　　　　　　　（主語）　　　　　　（述語）

① 「長身の」は、主語の「彼女」が「どんな」女性かを示す。
② 「素早く」は、述語の「走った」を、「どのように」走ったかを示す。
③ この場合に、「素早く、長身の彼女が、走った」と書くと、「素早く」がどこに係るかあいまいになって、文意が分かりにくくなる。
※1　修飾語とは、主語や述語の内容を詳しく説明するとともに、文全体の意味をハッキリさせる言葉である。
※2　わるい例②の、「みんなが言っているようなわるいことは」に相当する部分が短ければ許容される。
　〈例〉彼は、決して悪いことはしていない。

18 主語を省いても、よいときがある

主語がなくとも文意が伝わる場合や、主語を省いたほうが読みやすい場合などである。

例

①佐藤は、エレベーターを 12 階で降りた。ネクタイをきりりと締め直して、東西商事の受付に向かって歩いて行った。
②夜寝る前に、必ずその日にあったことを反省する。社会人になってから、ずっと続けていることである。
③東京都では、ゴミ削減運動が積極的に展開されている。
④10 年越しの不景気で、暗い雰囲気になっている。
⑤特定の人の「信教の自由」を守ることは大切だが、「公共の福祉」も守らなければならない。

ポイント

❶ 日本語では、主語が省かれることがある。
❷ 主語を省くのは、省いても文章として問題がないとき、または省いたほうが文としてスッキリする場合に限られる。
❸ 上記の例を解説すると、次のとおり。
　例① 　前の文の主語を受けて、主語を省く場合
　例② 　主語（私）がなくても、意味が明らかな場合
　例③ 　助詞「は」の代わりに、「では」が使われている場合
　※「東京都は、ゴミ削減運動を積極的に展開している」と同じ意味。
　例④ 　「人々」や「世間」が主格である場合
　例⑤ 　一般的な原則や客観的な事実を述べる場合

19 「文頭」と「文末」が文法上、矛盾しないようにする

文章に一貫性を持たせるには、文頭の助詞に合わせた文末の助詞を使う。

野球のチームが強くなるための必須条件には、選手個人の能力の向上とチーム・プレーの充実の2つである。

野球のチームが強くなるための必須条件には、選手個人の能力の向上とチーム・プレーの充実の2つがある。

ポイント

❶文章の書き出しと結びには、助詞を正しく使って一貫性を持たせる。
☞一貫性のない文章は、意味が取れなくなる。

❷一貫性があるかどうかは、中間部分を省略し、「文頭」と「文末」を続けて読んでみると分かる。上記の例では、以下のとおり。
　×　必須条件には、～2つである。
　○　必須条件には、～2つがある。

※1　1文が長すぎると、一貫性のない文章になりやすい。1文の長さは、多くても50字程度を目安にする。

※2　上記の例では、次のように書くこともできる。
　　野球のチームが強くなるための必須条件は、選手個人の能力の向上とチーム・プレーの充実の2つである。

20 文末に、変化をつける

意識して文末を変化させることで、文章にリズムを持たせる。

　入社試験の最終面接日の朝がきた。これが最後だと思うと、昨夜はなかなか眠れなかった。まず顔を洗った。パンとコーヒーだけの簡単な朝食をとった。スーツに着替えた。いちばん気に入っているネクタイを締めた。自分でも緊張しているのが分かった。これまで頑張ってきたのだから大丈夫、と自らに言い聞かせた。

　入社試験の最終面接日の朝。これが最後だと思うと、昨夜はなかなか眠れなかった。まず顔を洗い、パンとコーヒーだけの簡単な朝食をとる。スーツに着替え、いちばん気に入っているネクタイを締める。自分でも緊張しているのが分かった。これまで頑張ってきたのだから大丈夫、と自らに言い聞かせた。

ポイント

❶意識して、文末に変化をつける。
　☞意識しないと単調になってしまう。
❷場合によっては、2つの文を1文にしてもよい。
❸文末変化のポイント
　・体言止め
　　※体言とは名詞・代名詞のことで、活用がなく、文の主語となりうるもの。
　　　体言止めとは、文末を体言で終わらせることをいう。
　・時制の変化
　　※よい例の「とる」「締める」などのように、過去の事柄を現在形で書くと、リズムを出すことができる。
　・倒置法
　・3点リーダー「……」（文中では3点リーダーを2つ続けて書く）

21 語順を変えることで、強調する部分を変えられる

文頭や文末を変えることで、強調箇所を変化させることができる。

例

8月の初めに、私は高校時代の仲間と、炎天下のグラウンドでサッカーを楽しんだ。

①私が高校時代の仲間と炎天下のグラウンドでサッカーを楽しんだのは、8月初めのことだった。
②8月初め。私は高校時代の仲間と、炎天下のグラウンドでサッカーを楽しんだ。
③私が、8月初めに炎天下のグラウンドでサッカーを楽しんだのは、高校時代の仲間とだった。
④私が、8月の初めに高校時代の仲間とサッカーを楽しんだのは、炎天下のグラウンドでだった。
⑤私が、8月の初めに炎天下のグラウンドで高校時代の仲間と楽しんだのは、サッカーだった。

ポイント

❶文の中の語順を変えると、強調する部分が変わってくる。
❷上記の例では、それぞれ色をつけた部分が強調される。
❸【強調の方法①】文の最後に持ってくる方法（例①、③、④、⑤）。
　【強調の方法②】文の最初に置き、短文で区切る方法（例②）。

22 終わりの部分を、大切にする

文章全体の締めくくりとして、最後の部分は心を込めて書く。

> **×わるい例**
> あとがき
> ……………………………………………………………………。
> 刊行に際して、A社編集部のB編集長に大変おせわになった。ここに記して、お礼を申しあげたい。

> **○よい例**
> あとがき
> ……………………………………………………………………。
> 刊行に際して、A社編集部のB編集長ほか多くの方々にご指導とご協力をいただいた。深くお礼を申しあげたい。
> 人生は、短い。この本のノウハウを活用していただき、人生を少しでも長く、実のあるものにしてほしい。

ポイント

❶本文やあとがきの最終部分には、特に心を込めた文章を書く。
　☞本文の場合。「起承転結」の「結」だから、結論が大切である。
　☞あとがきの場合。読んだ後の印象がよくなる（よい例）。
❷「最終部分は、文の書き出しと同じくらい重要である」と認識する。
❸社内報や会報なども、あとがきを書く機会になる。

| 第Ⅱ章 | 覚えておきたい！日本語の文章作法

23 主張を、一言で表す

日頃から、自分の考えを一言で表す訓練をしておこう。

　日本の社会において、最近、こどもたちがよくキレるし、学校の先生も、教育に熱意を示さない、一方、親もこどもを甘やかし続けている。
　会社に入っても、若い人を上司が注意できない。会社も、収益・利益と右往左往している。
　こんな社会に日本はなってしまった。

　「日本の劣化」が、進んでいる。
　最近、こどもがよくキレる。親が、こどもを甘やかす。学校の先生は、教えることに熱意がない。
　一方、会社では、上司が若い社員を注意できない。経営者はどうやって会社運営をしていったらよいか分からず、右往左往している。

ポイント

❶文章の最初に、言いたいことを一言で表す。
　☞読み手が、題意をすぐにつかめる。
　※わるい例のように、漠然と書かない。
　※よい例のように、「日本の劣化」とズバリ、一言で、言いたいことを表す。
❷日頃から、「いま、考えていることを、一言で言えばどういうことか」と自問自答する。

24 文は、できるだけ短くする

たいてい、長文は冗長で、分かりにくい文となってしまう。

①彼は、陸上競技大会の数日前の練習で足を痛めてしまったのだが、痛め止めの注射を打って100m競走に出場し、クラスで一番よいタイムを記録した。
②会議では、事前に準備をし、関係者に根回しをし、ある程度の方向性を決めておくことも大切である。

①陸上競技大会の数日前の練習中。彼は、足を痛めてしまった。しかし、痛み止めの注射を打って100m競走に出場し、クラスで一番よいタイムを記録した。
②会議では、事前の準備が大切である。関係者に根回しをし、ある程度の方向性を決めておくことも忘れてはならない。

ポイント

❶1文は、できるだけ短くする。
☞文章の「流れ」に、メリハリがつく。
☞読み手が、内容を理解しやすくなる。
☞長文は分かりづらく、ダラダラした感じになる。
❷助詞の「が」や、「する」の連用形である「～し」を使うと、どうしても文が長くなるので注意する。
❸「が」や「～し」のところで、文を分けられないかどうか検討する。
☞1つの文に1つの内容だけを入れると、文意が伝わりやすい。
❹1つの文が長くてもたつくときは、2つか3つの文に分ける。

25 「1センテンス・1メッセージ」

1つの文には、1つの事柄だけ入れることで、文意が伝わりやすくなる。

　私は、東京の大学で日本画の勉強を重ね、ようやく個展を開けるまでになったが、プロとしてはまだまだ半人前であり、さらなる勉強が必要だと思い、パリへの留学を決心した。

　東京の大学で日本画の勉強を重ね、ようやく個展を開けるまでになった。とはいえ、プロとしてはまだまだ半人前である。もっと勉強が必要だ。そこで、私は、パリへの留学を決心した。

ポイント

❶ 1つの文に、多くの事柄を入れない。
  ☞ 文の意味が、伝わりにくくなる。
  ☞ 文がダラダラと、長くなってしまう。
  ☞ 書き手の性格がルーズという印象を与えてしまう。「ピシッと決まった人間」と思われるためにも、短文にする。

❷ いくつかの文に、分ける。
  ☞ 理解しやすくなる。

❸ 上記のわるい例では、前半部分と後半部分の2つの事柄が、1つの文に入ってしまっている。

26 重複表現は、しない

使ってしまいがちな重複表現を覚え、簡潔な文を目指す。

①休憩とは、仕事をいったん途中で中断して、頭と体を休める休み時間である。
②単に頭の中で考えただけの戦略では、意味がない。

①休憩とは、仕事をいったん中断して、頭と体を休めることである。
②-1：頭の中で考えただけの戦略では、意味がない。
 -2：単に頭の中で考えた戦略では、意味がない。

ポイント

❶ 同じ意味の言葉を、1文の中で重複して使わない。
  ☞ 使っても意味がなく、回りくどくなる。
  ☞ 読み手に、「雑だ」「甘い」と思われてしまう。
❷ 上記のわるい例①では、「〜途中で中断して、〜」とあるが、「中断」とは、もともと何かをしている「途中」でやめること。したがって、「中断」の前に、「途中で」と書く必要はない。「休める休み時間」という表現も、同様に重複している。
❸ わるい例②では、「単に〜だけ」が重複している。どちらか一方でよい。

以下に、うっかり使ってしまいがちな言葉を列挙しておく。

わるい例	よい例
❶あらかじめ予約していた部屋	❶予約していた部屋
❷いちばん最後に	❷最後に／いちばん後に
❸今の現状について	❸現状について

❹価格が急に値上がりして	❹価格が急に上がって／急に値上がりして
❺各位殿	❺各位
❻各事業部ごと	❻事業部ごとに／各事業部に
❼過小評価しすぎている	❼過小評価している
❽ 30 〜 40％程度	❽ 30 〜 40％
❾射程距離内に入る	❾射程内に入る
❿従来からの問題点	❿従来の問題点
⓫受注を受けてから	⓫注文を受けてから／受注してから
⓬大別すると５つに分けられる	⓬大別すると５つになる／５つに大きく分けられる
⓭〜だけに限ります	⓭〜だけです／〜に限ります
⓮例えば、駅での終日禁煙の広がりは、その例です。	⓮駅での終日禁煙の広がりは、その例です。
⓯単に〜だけ	⓯単に〜／〜だけ
⓰途中で中断する	⓰中断する
⓱〜にしかすぎない	⓱〜にすぎない
⓲〜にだけ固有の	⓲〜に固有の
⓳まだ未解決の問題	⓳未解決の問題
⓴最もベストの	⓴ベストの
㉑最も優秀な社員の１人	㉑最も優秀な社員
㉒約 100m ほど	㉒約 100m／100m ほど／ほぼ 100m
㉓休める休み時間	㉓休める時間／休み時間

27 2、3行の間に、同じ言葉を続けて使わない

同じ言葉を繰り返すとくどくなるので、別の表現に変える。

①長い時間の講義では、途中で休まないと、先生だけでなく学生も疲れてしまう。休まないと講義内容は荒れ、学生の理解も極度に落ちてしまいかねない。
②弁護士の存在意義や問題点など、弁護士の世界を紹介する。
③大学に残って研究者としての道を進むよりも、社会に出ることにより、より多くの体験を積むことのほうが、より有意義な時間となることは間違いない。

①長い時間の講義では、途中で休まないと、先生だけでなく学生も疲れてしまう。講義内容は荒れ、学生の理解も極度に落ちてしまいかねない。
②-1　存在意義や問題点など、弁護士の世界を紹介する。
　-2　弁護士の世界、特に存在意義や問題点などを紹介する。
③大学に残って研究者としての道を進むよりも、社会に出て、さらに多くの体験を積むことのほうが、有意義な時間となるのは間違いない。

ポイント

❶同じ言葉を続けて使わない。なくても文意が通じるならば、省く。
　☞表現がくどくならないために。
　☞現代人は忙しいので、文章がしつこいと、それ以降を読み進んでくれないことがある。
❷同じ意味の、別の言葉に言い換える。
　☞読みやすくなる。

| 第Ⅱ章 | 覚えておきたい！日本語の文章作法

28 同じ意味の文を、繰り返さない

「くどい文章」は、同じ意味の文を繰り返していることが多い。

　私は、辞書をノート代わりに使っている。辞書が私の英語に関するノートなのだ。辞書の中に、英語に関するすべての情報を書き込んでいる。辞書を見れば、英語に関するすべての情報が入っているわけだ。つまり、辞書以外には、ノートはいっさい使っていない。ノートはいっさい使わなくても、辞書の中にノートがあるのだ。

　私は、辞書をノート代わりに使っている。辞書の中に、英語に関するすべての情報を書き込んでいる。つまり、辞書以外には何も使っていない。

ポイント

❶同じ内容の文を、続けて書かない。上記のわるい例の色を付けた部分は、いずれも直前の1文の内容を繰り返しているだけである。
　☞読み手が、イライラしてしまう。
❷文章を読み返して、ムダな表現や文はできるだけ削る。
　☞簡潔な表現になる。
　☞内容が、分かりやすくなる。

29 不要な修飾語は、使わない

省いても文意が通じる場合、修飾語は削除し、簡潔な文にする。

　私は、仕事でかなり一日中、忙しいから、特別に英語だけを勉強している時間がない。そこで、だれにも邪魔されない通勤時間をそれなりに利用することを考えた。通勤電車の中を、自分なりにフルに利用する「私設英語学校」にしようというわけである。

　私は、仕事で一日中、忙しいから、英語だけを勉強している時間がない。そこで、だれにも邪魔されない通勤時間を利用しようと考えた。通勤電車の中を、「私設英語学校」にするのである。

ポイント

❶簡潔で分かりやすい文章を書くには、不要な修飾語を使わない。
❷書いた文章を、声に出して読み返してみる。
❸削っても文意が変わらず、文章がスッキリつながるならば、その修飾語を省く。
❹上記の悪い例では、「かなり」「特別に」や「それなりに」には、あまり意味がない。また、「自分なりにフルに利用する」という表現は、前の行の「それなりに利用する」と重複している。

| 第Ⅱ章 | 覚えておきたい！日本語の文章作法

30 句点（くてん）「。」は、文の終わりに打つ

句点「。」の打ち方を理解して、正しい日本語表現を使おう。

①彼は、優秀なスポーツマンである
②わが社は、社会人ラグビーで優勝した（昨年の日本選手権）
③合格者は、次のとおり（敬称略）
④彼は、今どこにいるのか……

①彼は、優秀なスポーツマンである。
②わが社は、社会人ラグビーで優勝した（昨年の日本選手権）。
③合格者は、次のとおり。（敬称略）
④彼は、今どこにいるのか……。

ポイント

❶句点は、文の終わりに打つ（よい例①）。
　☞読み手に、文の終わりを知らせるため。
❷文末に（　）で注釈を付けたときは、句点は（　）の後に打つ（よい例②）。
　☞（　）内の注釈も、文の一部であり、関連があると分かってもらうため。
❸ある文をいったん終わらせた後、続いて文章全体の注釈、筆者名、著作権や写真説明などを（　）で付けるときは、（　）の前に句点を打つ（よい例③）。
　☞付記であり、単なるつけ加えであることを明らかにするため。
❹省略や間を持たせるために、文末で「……」や「──」などを用いたときは、その後に打つ（よい例④）。
　☞文の終わりを知らせるため。
❺文章を書いていて、行頭に句読点がきた場合は、次のように処理するとよい。
　①省略する。
　②行末の欄外に打つ。

67

③最後の文字のマスにいっしょに入れる。
④改行する。
※1 1つの文ではなく、事例、地名、人名や事物などを単に列挙したものには、句点を打たない。
　〈例〉東京、大阪、福岡、名古屋
※2 行頭が「や（で始まり、行末が」や）で終わる場合には、」や）の前にも後にも句点を打たない。
　〈例〉彼は言った。
　　　「今日は雨が降らなくて、本当によかったですね」
※3 ？や！の後に新たな文が続く場合は、1字分あけて続ける。ただし、1つの文中に？や！がある場合は、1字あけない。
　〈例〉頑張れ！　ゴールは近い。
　　　突然、ドシーン！という音がした。

31 カギカッコでくくった文章には、句点「。」を打たない

カギカッコを使った文章の句点「。」の打ち方を理解しよう。

①「今日は雨が降った」。
　「今日は雨が降った。」
②「今日は雨が降りましたね。」と花子が言った
③花子は言った。「今日は雨が降りそうね」
④「今日は雨が降りそうね」花子は言った。
⑤「今日は雨が降った」。「明日も雨か」

①「今日は雨が降った」
②「今日は雨が降りましたね」と花子が言った。
③花子は言った。「今日は雨が降りそうね」。
④「今日は雨が降りそうね」。花子は言った。
⑤「今日は雨が降った」「明日も雨か」

ポイント

❶ 1段落の文章が、カギカッコで始まり、カギカッコで終わるときには、閉じカッコの前にも後にも句点を打たない（よい例①）。
　☞カギカッコがあることで、1文の終わりが分かるから。
❷ カギカッコの後に、その文がまだ続く場合は、句点を打たない（よい例②）。
　☞1文が終わっていないから。
❸ カギカッコの前に1文があって、カギカッコでくくった文が続くときは、閉じカッコの後に句点を打つ（よい例③）。
　☞カギカッコでくくった文も1文であることを、ハッキリさせるため。
❹ カギカッコの後に、新しい1文を続ける場合は、閉じカッコの後に句点を打つ（よい例④）。
　☞カギカッコの文とは、違う1文が続くから。
❺ カギカッコの後に、カギカッコの文が続くときは、その間に句点を打たない（よい例⑤）。

☞くどくなるから。
☞見た目にも、文字と文字の間があきすぎてしまう。
※以前は、閉じカッコの前にも句点を打つことがあった。
　〈例〉「今日は雨が降りましたね。」と花子が言った。
　しかし、閉じカッコ自体が文の終わりを表すため、今では句点を打たない方向に変化している。

32 読点(とうてん)「、」は、「読みやすさ」「分かりやすさ」のために打つ

読点「、」の打ち方に明確なルールはないが、読みやすくするための基準はある。

① 彼女は毎朝6時に起きて散歩する。
② ところが彼は帰ってこなかった。
③ 兄は北海道に転勤となり姉は九州に嫁いだ。
④ 急に雨が降ってきたのでずぶぬれになってしまった。
⑤ ザブーンザブーンと波の音が聞こえた。
⑥ うーん困ったな。
⑦ あっ地震だ。
⑧ 姉よりかなり背が高い私
⑨ 現在在職している会社

① 彼女は、毎朝6時に起きて散歩する。
② ところが、彼は帰ってこなかった。
③ 兄は北海道に転勤となり、姉は九州に嫁いだ。
④ 急に雨が降ってきたので、ずぶぬれになってしまった。
⑤ ザブーン、ザブーンと、波の音が聞こえた。
⑥ うーん、困ったな。
⑦ あっ、地震だ。
⑧ 姉より、かなり背が高い私
⑨ 現在、在職している会社

ポイント

❶ 読点は、文を読みやすくし、誤解を招かないようにするために打つ。
❷ 読点を打つべきかどうか迷ったときには、声に出して読み、
　①「読点を打てば、読みやすくなるかどうか」
　②「読点を打てば、誤解を招かなくなるかどうか」
　を確かめる。以下に、読点を打つ位置の原則を示す。
❸ 主語の後に打つ（よい例①）。

❹接続詞の後に打つ(よい例②)。
❺2つの対になる文をつなぐときに打つ(よい例③)。
　※この場合、原則として主語には打たない。読点を打たなくても、読めるから。
❻理由、条件や限定などを表す語句の後に打つ(よい例④)。
❼切れ目を示す部分に打つ(よい例⑤)。
❽応答の句の後に打つ(よい例⑥)。
❾感動詞や呼びかけの句の後に打つ(よい例⑦)。
❿かな同士がつながっていて、読みにくいときに打つ(よい例⑧)。
⓫意味が異なる漢字が続く場合に打つ(よい例⑨)。
　「現在在職」という熟語はないからである。
　※1　語句を体言止めで列挙するときは、中黒「・」を入れる。
　〈例〉日本・アメリカ・中国
　　もし、読点を使って列挙する場合は、「日本、アメリカと中国」とする。
　※2　句読点の打ち方には個人差もあり、これが絶対といえるものはない。ここで述べたのは、筆者がよいと考える原則である。

33 読点「、」で、語句の係りをはっきりさせる

意味が何通りにも理解されかねない文では、読点「、」を効果的に使う。

①彼女は楽しそうに野球をしている彼を見ていた。
②ノーベル文学賞を受賞した大江健三郎と三島由紀夫は〜。
③巨人軍で監督になった川上氏と長嶋氏と原氏は〜。

①-1：彼女は、楽しそうに野球をしている彼を見ていた。
　-2：彼女は楽しそうに、野球をしている彼を見ていた。
　-3：彼女は、野球をしている彼を楽しそうに見ていた。
②ノーベル文学賞を受賞した大江健三郎と、三島由紀夫は〜。
③巨人軍で監督になった、堀内氏と原氏と高橋氏は〜。

ポイント

❶ 語句の係る先を誤解させないために、読点を打つ。
- わるい例①では、「楽しそう」なのが、「彼を見ている彼女」なのか、「野球をしている彼」なのかが、分からない。
- わるい例②では、「ノーベル文学賞を受賞した」のが、「大江健三郎だけ」か、「大江健三郎と三島由紀夫の2人」なのかが、ハッキリしない。

❷ 並列した語句のすべてを、同じように修飾するときに打つ。
- わるい例③では、「巨人軍で監督になった」のが、「川上氏、長嶋氏、原氏のいずれか」が、ハッキリしない。

34 複数の述語が並列する場合、主語に読点「、」は打たない

主語の後には、原則として読点を打つべきだが、例外はある。

✕わるい例　内容は、一般的、抽象的である。

〇よい例　内容は一般的、抽象的である。

ポイント

❶述語に漢字が連続している場合は、主語の後には読点「、」を打たない。
☞読点が多くなり、文章がばらけた感じになる。
☞新聞や雑誌なども、この方法によっている。
主語の後に読点を打つのなら、次のように述語の部分を変える。
「内容は、一般的かつ抽象的である」

| 第Ⅱ章 | 覚えておきたい！日本語の文章作法

35 通し番号やカッコが続く場合は、読点「、」を打たない

列挙する場合は、読点は打たないほうが読みやすい場合もある。

①品質のよい自然食品は、(1) 満点黒あめ、(2) シャープ３兄弟、(3) 元気モッチー、(4) 合格の水、(5) がんばる野菜便などである。

②品質のよい自然食品は、「満点黒あめ」、「シャープ３兄弟」、「元気モッチー」、「合格の水」、「がんばる野菜便」などである。

①品質のよい自然食品は、(1) 満点黒あめ (2) シャープ３兄弟 (3) 元気モッチー (4) 合格の水 (5) がんばる野菜便などである。

②品質のよい自然食品は、「満点黒あめ」「シャープ３兄弟」「元気モッチー」「合格の水」「がんばる野菜便」などである。

ポイント

❶番号や「　」が続く場合、中間に読点「、」は打たない。
　☞打つと、わずらわしい。読みにくい。
　☞打たなくても、誤解することはまったくない。

36 接続詞は、できるだけ省く

接続詞を多用せずに、分かりやすい文の流れを心がける。

　最近では、「定年までこの会社で働きたい」と思っている新入社員は、2割にも満たない。そして、一方で、「機会があれば転職したい」と考えている人が、5割を超えているという。だから、人事としても、これまでのような終身雇用・年功序列を前提にできなくなっている。これにより、年俸制を採用する大企業も増えてきている。とはいえ、日本の企業では、完全な能力主義が定着するのはまだまだ先ではなかろうか。

　最近では、「定年までこの会社で働きたい」と思っている新入社員は、2割にも満たない。一方で、「機会があれば転職したい」と考えている人が、5割を超えているという。
　人事としても、これまでのような終身雇用・年功序列を前提にできなくなっており、年俸制を採用する大企業も増えてきている。とはいえ、日本の企業では、完全な能力主義が定着するのはまだまだ先ではなかろうか。

ポイント

❶接続詞は、できるだけ省く。勇気を出して省略してよい。

❷接続詞を使わずに、分かりやすい文の流れをつくる。これが、文章力向上のコツ。

❸ただし、話の流れを変えるときや逆のことを書く場合は、必ず接続詞を使う。

37 内容の異なる文は、改行して書く

意味の違いや文量に応じて、改行すると、読みやすくなる。

> **×わるい例**
>
> 　ビジネスは、段取りと説得の連続である。若手のうちは、どちらかといえば、段取りをよくすることが重視されていた。しかし、課長や係長ともなると、段取りのよいことは当たり前、説得力の有無が「できる、できない」の分かれ目となる。ところが、具体的な説得術を、一般のビジネスパーソン向けにまとめた本は意外に少ない。そこに、本書を発刊する意味があるのだ。

> **○よい例**
>
> 　ビジネスは、段取りと説得の連続である。
> 　若手のうちは、どちらかといえば、段取りをよくすることが重視されていた。しかし、課長や係長ともなると、段取りのよいことは当たり前、説得力の有無が「できる、できない」の分かれ目となる。
> 　ところが、具体的な説得術を、一般のビジネスパーソン向けにまとめた本は意外に少ない。そこに、本書を発刊する意味があるのだ。

ポイント

❶【改行の第1原則】内容の異なる文は、改行する。
　☞文章全体が視覚的になる。理解しやすい。
　※たとえ1行でも、前の文と内容が違うときは改行する。
❷【改行の第2原則】同じ内容であっても、文章が長く続く場合には、5行目か6行目あたりの区切りのよいところで改行する。
　☞読みやすくなる。
　※改行で始めるときは、文頭を1字分下げる。

38 １つの解釈しか、できない文にする

言葉を補ったり、文を分けたりすることで、誤読されない文になる。

あれこれと指示をして誤解されないようにする。

①誤解されないように、あれこれと指示をする。
②あれこれと指示をしたことで、誤解されないようにする。
③指示したことによって、あれこれと誤解されないようにする。

ポイント

❶読み手にとって、１つの解釈しかできない文にする。
 ☞伝えたいことが正確に伝わらなければ、意味がない。
 ☞わるい例の「あれこれと」が「指示」に係るか「誤解」に係るかハッキリしない。
❷２つ以上の意味に取られてしまう場合は、言葉を補ったり、２つの文にしたりする。
 ☞あいまいさをなくす。

| 第Ⅱ章 | 覚えておきたい！日本語の文章作法

39 列挙したいものの表現は、統一する

要件などを分けて列挙する場合は、表現を1つに決めて、読者が迷わないようにする。

第一に、〜。
第二は、〜。
第三としては、〜。

第一に、〜。
第二に、〜。
第三に、〜。

> ポイント

❶ある事柄の要件、特徴や長所、短所などを列挙する場合、書き方を統一する。
　☞文章全体が、読みやすくなる。
　☞読み手を安心させ、落ち着いた気持ちにさせる。
※前に書いたパターンを、後になって忘れないようにする。わるい例を見ると、「こんなバカな書き方をする人はいない」と思うかもしれない。しかし、現実には大変、多い。特に、1つの項目の文章が長い場合に、書き方が不統一になりかねない。

40 単位や範囲を、統一して使う

単位や範囲にも一貫性を持たせ、信頼感のある文章にする。

ニューヨークと東京都は、世界を代表する都市である。

①ニューヨークと東京は、世界を代表する都市である。
②ニューヨーク市と東京都は、世界を代表する都市である。

ポイント

❶常に、「一貫性」を意識した文章を書く。
　☞「一貫性」があると、シャープな人間と思われる。「一貫性」がないと、甘いと思われてしまう。
❷物事を併記する場合は、地名、個数や人数の単位などを統一して使う。
　☞読み手の信頼感を失わせないため。

41 種類や要件などの列挙は、箇条書きがよい

箇条書きにすることで、分かりやすい文章にすることができる。

ポイント

❶種類・要件・特色・長所・短所・例などを列挙するときは、箇条書きにする。
　☞文が短く区切られるので、読み手が内容を理解しやすくなる。
❷箇条書きをしたものには、必ず番号を付ける。
　☞番号ではなく、■、●、▲やA、B、C、ア、イ、ウなどを付けたのでは、会議などで説明する場合に、その項目を特定するのが難しい。いくつの項目が列挙されているかが、分かりにくい。
❸箇条書きした文の終わりにも、句点を忘れない。
　☞箇条書きであっても、1つの文だから。
　※句点を付けなくてよいのは、
　　①単語や句を列挙する場合
　　②デザインが重視される記事の場合
　などに限られる。
❹別の内容のものは、別の箇条書きにする。
　〈例〉1．サマー・タイムの長所
　　　　①退社後の時間が、有効に使える。
　　　　②～。
　　　2．サマー・タイムの短所
　　　　①生活のリズムが崩れる。
　　　　②～。
❺「左右」「上下」「縦横」「東西南北」など、順番や位置などに関する言葉を列挙する場合は、一般的にいわれている順序で使う。

42 肯定部分を先に、否定部分を後に書く

肯定部分を先に書くことで、真っ先に読み手にプラスの主張を伝えることができる。

①彼女は高校生ではなく、大学生である。
②彼には多少、難しいと思える仕事でも、思い切って与えるべきだ。彼は、ビジネスのイロハがまったく分からない新入社員ではないからだ。入社5年目の伸び盛りの社員なのだ。

①彼女は、大学生である。高校生ではない。
②-1：彼には多少、難しいと思える仕事でも、思い切って与えるべきだ。彼は、入社5年目の伸び盛りの社員だからだ。ビジネスのイロハがまったく分からない新入社員ではないのだ。
-2：彼は入社5年目の伸び盛りの社員だから、多少、難しいと思える仕事でも、思い切って与えるべきだ。もう、ビジネスのイロハがまったく分からない新入社員ではないのだから。

ポイント

❶原則として、肯定部分を先に、否定部分を後に書く。
☞プラスの内容の言いたいこと（結論）が先にあったほうが、読み手が内容を理解しやすい。
☞もし、読み手が「彼女は高校生ではなく」と目を通したところで読むことを止めてしまったら、ほんとうに言いたい内容（「彼女は大学生である」）が伝えられない。
☞肯定部分は、通常、否定部分よりも重要である。
☞否定部分から先に書くと、文全体が暗くなることが多い。
※もちろん、文脈によっては、否定部分から書くこともある。しかし、一般的には、肯定部分を先に書くようにするということである。
※わるい例①は、短文なので認められることもある。ただし、このクセをつけてしまうと、長文のときに、分かりにくい文章を書きがちになってしまう。

43 | 肯定文と否定文を、混在させない

複数の肯定文と否定文は、それぞれをまとめて書くと分かりやすい。

スクール東京では、講義をスムーズに進めるために、講義中は絶対に質問を受け付けない（否定文）。ただし、講義終了後は、快く質問を受け付ける（肯定文）。講師は、事前に「講義中は、質問を受け付けません（否定文）」と言っておく。

スクール東京では、快く質問を受け付ける（肯定文）。しかし、講義をスムーズに進めるために、講義中は絶対に質問を受け付けない（否定文）。講師は、事前に「講義中は、質問を受け付けません（否定文）」と言っておく。

ポイント

❶肯定文と否定文が混在した文章を書かない。
〈例〉肯定文＋否定文＋肯定文＋否定文のようにしない。
❷複数の肯定文、否定文はそれぞれでまとめる。
〈例〉肯定文＋肯定文＋否定文＋否定文
　　 否定文＋否定文＋肯定文＋肯定文　とする。
☞読み手を混乱させないため。
※１　このことは、頭で分かっていても、文章を書くときについ忘れがちなので注意する。
※２　上記の例では、「受け付けない」という「否定の意味」がポイントのため、否定文を前に置いている。

44 事実は、数字を使って具体的に書く

数字を使い、個別的・具体的な表現で、迫力や説得力を持たせる。

①彼は、首を長くして待っている。
②彼女は、給料の高いキャリア・ウーマンである。
③大学生の就職率は、厳しい。

①彼は、2週間も待っている。
②彼女は、年収が1,000万円を超えるキャリア・ウーマンである。
③大学生の就職率は、70%にすぎない。

ポイント

❶抽象的な表現をしない。
　☞文章に迫力がなくなる。
　☞内容が分かりにくくなる。
❷個別的・具体的に書く。
　☞文章に迫力と説得力が出てくる。

※ただし、あくまでも、あるがままの事柄を書くこと。文章に飾りや嘘があると、読み手をだますことになる。

45 日時は、原則として具体的に書く

日時を具体的に書くと、抽象的にならず、正確な記録にもなる。

①きょう
②あす
③来月
④先月
⑤今週
⑥来週
⑦今年度
⑧来年度

①6月20日
②6月21日
③7月
④5月
⑤5日から11日まで
⑥12日から18日まで
⑦××10年度
⑧××11年度

ポイント

❶年、月や日などは、具体的に書く。
　☞内容が理解しやすくなる。

※1　書く内容が古くなっている場合は、「このほど」を使う（第Ⅳ章32項参照）。

※2　きょう、6月20日、
　　　きょう（6月20日）、
　　　あす、6月21日、
　　　あす（6月21日）、
　　という書き方もある。

※3　原則として、年号はできる限り入れる。例では、分かりやすくするため、年号は省略した。

46 定義は、50字前後で書く

定義が長いと、分かりにくい文章になる。

×わるい例

　商品とは、ユーザーがお金を支払って手に入れる有形のもの（自動車・スーツ・ケーキ・薬など）やサービス（コンサルティング・講義・医療・ダンス指導など）のことである。

○よい例

　商品とは、ユーザーが購入する有形のものやサービスである。有形のものには、自動車・スーツ・ケーキ・薬などがある。サービスには、コンサルティング・講義・医療・ダンス指導などがある。

ポイント

❶物事の定義を書く場合、行数は2行か3行以内、字数は50字前後にする。
　☞定義が長いと、読み手が理解しにくくなる。

| 第Ⅱ章 | 覚えておきたい！日本語の文章作法

47 定義は、抽象から具体に向けて書く

抽象的な事柄から、具体的な事柄へと書くことで、スムーズで筋の通った文章になる。

①-1：AとはCとDなどがいて、Bである。
-2：人間には、男と女とがいて、万物の霊長である。
②人間は、日本語、英語やドイツ語などの言語を話す動物である。

①-1：Aとは、Bである。例えば、CとDがいる。
-2：人間は、万物の霊長である。人間には、男と女とがいる。
②人間は、言語を話す動物である。言語には、日本語、英語やドイツ語などいろいろがある。

ポイント

❶定義の文章は、抽象的なものから、具体的なものへと書く。
☞文章の流れが、スムーズになる。
☞読み手に内容が、よく伝わる。

❷長文の場合に、このルールが特に有効になる。

※各種の論文の中にも、「具体的な事柄」から「抽象的な事柄」へと論述しているものがある。そのため、分かりにくい内容になっている場合が、多い。

18 定義の文章の形を、整える

定義の文章では、定義そのものと、その内容が明確になるように書く。

　資本不変の原則とは、一度、確定した資本額を会社の任意で自由に減少させてはならないことを要求する原則を定めている。

①資本不変の原則とは、一度、確定した資本額を会社の任意で自由に減少させてはならないことを要求する原則のことである。
②資本不変の原則とは、一度、確定した資本額を会社の任意で自由に減少させてはならないことを要求する原則である。
③資本不変の原則とは、一度、確定した資本額を会社の任意で自由に減少させてはならないことを要求する原則をいう。

ポイント

❶定義の文章の形を整える。
　①「AとはB、のことである」
　②「AとはB、である」
　③「AとはB、をいう」
　のどれかに統一する。
☞分かりやすく、読んでいて安心感がある。
☞格調が高くなる。
　※１　①の「AとはB、のことである」が一般的。
　※２　上記の例を、「一度、確定した資本額を会社の任意で自由に減少させてはならないことを要求する原則を、資本不変の原則という。」と書いても間違いではない。ただ、頭でっかちで意味の取りにくい文章である。
❷わるい例のように、「AとはB、を定めている」では対応がおかしく、分かりづらい。

| 第Ⅱ章 | 覚えておきたい！日本語の文章作法

49 「たとえ話」を入れると、理解しやすい

たとえ話を用いると、複雑な内容が具体的で分かりやすくなる。

英語習得学とは、1つ1つを確実に押さえていかなければ結論が出ない論理性の高いものではない。全体として捉えて、結論が出るものである。

英語習得学とは、法律や数学のように、1つ1つを確実に押さえていかなければ結論が出ない論理性の高いものではない。全体として捉えて、結論が出るものである。例えば、歌を覚えるようなもので、メロディー、リズムや歌詞など、全体像をつかんでから、繰り返し練習してうまくなっていくのである。

ポイント

❶内容にピッタリ当てはまる「たとえ話（比喩）」を入れる。
　☞抽象的な文章が、具体的になる。
　※1　読者が具体的にイメージしにくいたとえでは、かえって分からなくなるので注意する。
　※2　エッセイや小説などでは、たとえ話から入ってもよい。

50 「故事」や「ことわざ」で、分かりやすく表現する

「故事」や「ことわざ」は短い言葉で、より深い意味を伝えることができる。

彼は、大企業の歯車の1つに収まってしまうには、もったいないほど個性的な人材だ。大企業の中で、多くの上司の下で窮屈に働くよりも、たとえ小さな企業であっても、自分の会社のトップとして、自在に才能を発揮するのがふさわしいと思う。まさに、仕えるよりも、仕えられるタイプの人材なのだ。

彼は、大企業の歯車の1つに収まってしまうには、もったいないほど個性的な人材だ。「鶏口となるも牛後となるなかれ」とは、まさに彼にふさわしい言葉である。仕えるよりも、仕えられるタイプの人材なのだ。

ポイント

❶ 文章に、「故事」や「ことわざ」を入れてみる。
　☞抽象的な文章が、具体的になる。
❷ 「故事」や「ことわざ」は、100ぐらい知っておく。
❸ 「故事」や「ことわざ」の意味を、正確に使う。
　※ただし、使いすぎないこと。そらぞらしくなってしまうから。

51 「会話文」を使うと、分かりやすくなる

「会話文」を使うことで、臨場感や親しみやすさを表現できる。

1年に3%程度のコストダウンならば、各部署の努力によって実現できるかもしれないが、今回のように20%の経費削減という社長の指示は、何とも無茶なものではないだろうか。

1年に3%程度のコストダウンならば、各部署の努力によって実現できるかもしれない。しかし、「20%の経費削減をせよ」という今回の社長の指示は、何とも無茶なものではないだろうか。

ポイント

❶ 文章の中に、「会話文」を入れる。
　☞ 臨場感のある文章になる。
　☞ 文章に親しみが湧く。
　☞ 読みやすくなる。
　※ただし、「会話文」を使いすぎると、間延びしたイメージになるので注意する。

52 時には、「独自の言い回し」を工夫する

オリジナルな表現を使うことで、読み手を引き付けることができる。

経営には、Plan・Do・Check・Action が大切だ。

経営には、「期・即・連」が大切だ。
　期とは「期限を守ること」、即とは「即行すること」、連とは「連絡すること」である。

ポイント

❶気のきいた文章にするには、時には「独自の言い回し」を工夫してみる。
　☞使い古された言い回しばかりでは、平板な文章になってしまう。
❷独自の言い回しといっても、読み手にピンとくる表現でなければならない。
　※使いすぎると、ぎくしゃくしてしまうので注意する。

53 「訓読みの表現」を、なるべく使う

「訓読み表現」に変えることで、柔らかな印象になる。

①組合と会社との団体交渉に関する経過を説明した。
②夜の冷たい空気に接する。
③優しい人に接する。
④夜を徹して交渉した。
⑤最終結果が出るまでには、日時を要する。

①組合と会社との団体交渉についての経過を説明した。
②夜の冷たい空気に触れる。
③優しいひとに会う。
④夜通し交渉した。
⑤最終結果が出るまでには、日時がかかる。

ポイント

❶「音読みの表現」の代わりに、なるべく「訓読みの表現」を使う。
　☞文章が柔らかくなり、読みやすくなる。
　☞内容も分かりやすくなる。
　※音読みの表現は、使い古された、陳腐な感じがする。

54 引用文には、カギカッコなどを付ける

引用文は、必ず本文と区別し、出典を明記する。

例

　毎年、あさがおを見ると思い出す文章がある。それは、志賀直哉の次の一節である。
「毎朝、起きると、出窓に胡坐をかいて、烟草をのみながら、景色を眺める。そして又、直ぐ眼の前の四つ目垣に咲いた朝顔を見る。」(志賀直哉『朝顔』)
　なんともゆったりとした夏の朝ではないか。
　※　胡坐＝あぐら

ポイント

❶引用文は、カギカッコでくくって、原文のまま書く。
　☞引用文であることが、読者に一目で分かる。
　※引用文の場合は、「朝顔を見る」の後の「。」も、原文のとおりに入れておく。
　※""(クォーテーションマーク)は、引用文には使わない。
❷カギカッコでくくった引用文中で、さらにカギカッコを使う場合には、二重カギカッコ『　』を用いる。
❸引用文の表記のしかたとしては、カギカッコでくくる以外に、引用文の前後を1行ずつあけ、文の頭の位置を下げる方法もある。

例

　毎年、あさがおを見ると思い出す文章がある。それは、志賀直哉の次の一節である。
　　1行アキ
　　毎朝、起きると、出窓に胡坐をかいて、烟草をのみながら、景色を眺める。そして又、直ぐ眼の前の四つ目垣に咲いた朝顔を見る。
　(志賀直哉『朝顔』)
　　1行アキ
　なんとも、ゆったりとした夏の朝ではないか。

> 第Ⅱ章｜覚えておきたい！日本語の文章作法

ポイント

❹引用文の近くに、出典（書名、著者名や出版社名など）を明記する。
　☞読み手に、出典を知らせる。
　☞著作権法上の問題を起こさないため。
　※適正な方法で引用してあれば、著作権者の許諾は必要としない。
❺引用は、必要最小限にとどめる。
　☞あくまでも自分の文章が「主」で、他からの引用が「従」でなければならない。
❻歌詞を転載する場合は、日本音楽著作権協会（JASRAC）の許諾と使用料が必要になる。

55 熟語動詞を、和語の動詞に置き換える

動詞を和語に置き換えることで、柔らかな文章にする。

熟語動詞の例	和語の動詞の例
❶援助する	❶助ける
❷延長する	❷延ばす
❸会見する	❸会う
❹開催する	❹開く
❺開始する	❺始める
❻完了する	❻終わる
❼軽減する	❼軽くする
❽激励する	❽励ます
❾決定する	❾決める
❿行使する	❿行う
⓫交付する	⓫渡す
⓬雇用する	⓬雇う
⓭削減する	⓭削る
⓮樹立する	⓮立てる
⓯上昇する	⓯上がる
⓰除外する	⓰除く
⓱遅延する	⓱遅れる
⓲低下する	⓲下がる
⓳締結する	⓳結ぶ
⓴提示する	⓴示す
㉑到着する	㉑着く
㉒分割する	㉒分ける

ポイント

❶硬い文章を直す場合に、熟語動詞を和語の動詞に置き換えてみる。
☞分かりやすく、読みやすい文章になる。

第 III 章

やってはいけない!
日本語の使い方

1 決まり文句を、使い過ぎない

読み手に、印象を残すためにも、自然な表現を心がける。

①来月の旅行を、首を長くして待つ。
②注文が殺到して、うれしい悲鳴をあげる。
③昨日の事件によって、彼の性格の悪さを垣間見ることができた。

①来月の旅行を、期待して待つ。
②注文が殺到して、非常に喜んだ。
③昨日の事件によって、彼の性格がわるいことが分かった。

ポイント

❶決まり文句は、分かりやすい言葉に書き直す。
　☞常とう句ばかりでは、新鮮さがない。
　☞文章の内容も、印象に残らない。
　※特に、何も書くことがないときに、決まり文句を使ってしまう傾向がある。
❷よく使われる決まり文句には、次のようなものがある。

わるい例	よい例
❶一見○○風の	❶○○のように見える
❷芋を洗うような混雑	❷大変な混雑
❸うれしい悲鳴をあげた	❸非常に喜んだ
❹垣間見る	❹分かる
❺ガックリ、肩を落とした	❺大変、残念そうだった
❻一面の銀世界	❻一面、雪で真っ白である
❼首を長くして、待つ	❼期待して、待つ
❽古式ゆかしく	❽厳かに

❾去る５日のこと	❾（具体的に）６月５日のこと
❿長蛇の列	❿非常に長い列
⓫手垢のついた	⓫使い古された
⓬成りゆきが注目される	⓬結果が注目される
⓭苦虫をかみつぶしたような表情	⓭非常に不愉快そうな表情
⓮吐き捨てるように言った	⓮（嫌そうに・怒ったように）強い調子で言った
⓯複雑な表情	⓯（思い悩んでいる・困った）表情
⓰朝食をペロリと平らげる	⓰朝食を残さず食べる
⓱長足の進歩を見せた	⓱大幅な進歩を見せた
⓲ポロポロ涙をこぼす	⓲（思わず・大粒の）涙を流す
⓳幕が切って落とされた	⓳始まった

※⓮吐き捨てるように言った、⓯複雑な表情、⓲ポロポロ涙をこぼす、などは、状況によって意味が大きく変わってくるはず。場面によって異なる微妙なニュアンスを、決まり切った表現で、あいまいにしてしまわないことが大切である。

2 直訳調の表現は、できるだけ使わない

直訳調の表現をすると、ぎこちなく、分かりにくい文章になる。

> ×わるい例
> ①彼女のわがまま以外の何物でもない。
> ②今晩6時に、組合の会合を持つ。
> ③〜するであろうところの〜。

> ○よい例
> ①完全に、彼女のわがままである。
> ②今晩6時に、組合の会合がある。
> 　　　　　　　　会合をひらく。
> ③〜するらしい〜。
> 　〜するであろう〜。

ポイント

❶直訳調とは、元の外国語の言い回しどおりに、日本語に置き換えたもの。
　☞意味が取りにくく、ぎごちない文章になる。
❷直訳調は、なるべく同じ意味の分かりやすい日本語に置き換える。

| 第Ⅲ章 | やってはいけない！日本語の使い方

3 回りくどい表現を、しない

遠回しな文章では、読み手に言いたいことを伝えられない。

①そうしなければならないわけでもない。
②生産性が低いともいえるかもしれない。しかし、場合によっては、いちがいにそうともいえない。
③違法性を阻却する事由

①そうしなくてもよい。
②生産性が低い場合もある。
③合法である理由

ポイント

❶回りくどい表現を、しない。
　☞文の意味が相手に、伝わらない場合が多い。
　☞書く時間・エネルギー・スペースがムダになる。
❷ズバリ、単刀直入に書く。
　☞読み手の時間・エネルギーなどが省ける。
❸わるい例の③は、法律分野など専門的な文章でなら、許される。

4 漢語調の表現は、できるだけ使わない

漢語調の表現を多く使うと、「硬く」「難しい」印象を与える。

①換言すれば
②若干の点で
③逐一
④同一の

①言い換えれば
②いくつかの点で
③1つ1つ
④同じ

ポイント

❶漢語とは、漢字で組み立てて音(おん)で読む語のこと。
❷漢語調の表現はできるだけ使わず、分かりやすい言葉や表現に書き直す。
　☞「硬い」「難しい」といった印象を、読み手に与えないために。
❸社内試験や資格試験などでは、漢語調を使ってもよい。

5 文語調の表現は、できるだけ使わない

文語調の表現を多く使うと、古くさく、分かりにくい文章になる。

×わるい例
①理由のいかんを問わず
②意見の一致をみた
③いわざるを得ない
④彼ごときに負けない

⑤辛酸をなめた
⑥優勝を遂げた
⑦東京から北海道にいたる～
⑧庭にて遊ぶ
⑨彼女のみがもてる
⑩彼が日本の政界のドンといわれるゆえんである
⑪大雨により中止

〇よい例
①理由がどうあろうと
②意見が一致した
③いわなければならない
④彼（のような男）に負けない

⑤数々の苦労を経験した
⑥優勝した
⑦東京から北海道までの～
⑧庭で遊ぶ
⑨彼女だけがもてる
⑩彼が日本の政界のドンといわれる理由である
⑪大雨によって中止

ポイント

❶ 文語とは、平安時代語を基礎として発達した文体のことをいう。話し言葉を基準にした現代の口語文に対するものである。

❷ 文語調の表現は、分かりやすい言葉や表現に書き直す。
☞ 文語調で書いても、若い読み手には理解されにくい。
☞ 読みやすく、親しみやすい文章にしたい。

6 お役所言葉は、使わない

お役所言葉は、権威的で硬い印象を与えてしまう。

わるい例
①可及的速やかに対処します。
②参考人に事情聴取した。
③所定の手続きを取る。
④思料する
⑤数次にわたり、交渉を行った。
⑥善処する
⑦当該計画は、～。
⑧抜本的な解決
⑨文書を手交した。

よい例
①できるだけ早く対処します。
②参考人に事情を聴いた。
③決められた手続きを取る。
④考える
⑤数回、交渉を行った。
⑥適切に処理する
⑦その計画は、～。
⑧根本からの解決
⑨文書を手渡した。

ポイント

❶お役所言葉・官庁用語は使わず、分かりやすい言葉に言い換える。
☞官庁用語には、読み手にとって耳慣れないものが多い。
☞文章全体が、権威的で硬い感じになってしまう。
※ただし、官庁や役所などに提出する文章の場合は、使ってもよい。

| 第Ⅲ章 | やってはいけない！日本語の使い方

7 専門用語や業界用語は、できるだけ使わない

平易な言葉に置き換えて、だれでも理解できる文章にする。

×わるい例
① クランケのプルスは、だいぶ乱れていた。
② 原稿に、赤を入れる。
③ ホシは、完黙を続けている。

○よい例
① 患者の脈拍は、だいぶ乱れていた。
② 原稿に、修正を加える。
③ 容疑者は、完全黙秘を続けている。

ポイント

❶ 一般になじみの薄い専門用語や業界用語は、できるだけ平易な言葉に言い換える。

❷ やむを得ず専門用語や業界用語を使う場合は、何らかの形で説明を入れる。

① 短い文のとき……文中に、カッコ書きで説明を入れる。
　〈例〉担当の看護師は、宿直の医師に、「クランケ（患者）のプルス（脈拍）は、だいぶ乱れています」と報告した。

② 長い文のとき……
　　1）専門用語や業界用語の直後に説明を入れる。
　　2）場合によっては、〈注〉を付ける。

8 指示語を、むやみに使わない

指示語の内容を、具体的に書くことで、分かりやすい文章にする。

代表的な指示語

	ものごと	場所	方向	性質、状態	範囲
こ	これ、この	ここ	こちら	こういう、こんな、このような	このうち
そ	それ、その	そこ	そちら	そういう、そんな、そのような	そのうち
あ	あれ、あの	あそこ	あちら	ああいう、あんな、あのような	あのうち
ど	どれ、どの	どこ	どちら	どういう、どんな、どのような	どのうち
その他	前者、後者、同様　など					

ポイント

❶「こそあど言葉」のような指示語は原則として使わない。具体的な言葉や文章を繰り返したり、言い換えたりする。
　☞読み手が、指示語の指す言葉や文章を探さないですむ。
　☞内容が理解しやすくなる。
❷「この2つは、〜」は、「AとBは、〜」のように書く。
❸「前者は、〜。後者は、〜」「前述のような〜」「〜も同様である」もよく使われがちだが、なるべく「前者」「後者」や「前述」、「同様」の指す言葉を具体的に繰り返すようにする。
❹具体的な言葉や文章を繰り返すことのほかに、別の表現を使ってもよい。また、繰り返さなくても意味が通じるときは、省略してもよい。
　〈例〉Aさんと妻は、ともに教師である。2人は、夕食時にいつも子どもの教育について話し合っている。
❺指示語を使いすぎる人は、自己中心的な人か、読み手のことを考える余裕のない人が多い。
　※1　「指示語を使わないと、文章が長くなる」と言う人がいる。しかし、他のムダな表現や文をなくすことで、全体の文章を短くできる。
　※2　ムダな表現や文を削っても長くなるのは、論点を多く入れすぎている

証拠。1つの論点に絞って文を書くようにすれば、文章は短くなる。
※3 文脈上、どうしても指示語を使ったほうがよい場合は、例外的に使ってもよい。その場合は、どの言葉を受け、どの言葉を指しているかがハッキリ分かるように使う。
また、どうしてもスペースがないときにも、例外的に使ってもよい。

9 外国語は、むやみに使わない

できるだけ日本語を使用し、意味を通りやすくする。

---

①彼女は、いつもナーバスである。
②社内での、コンセンサスをとる。
③トータルなビジョンが、欠けている。

①彼女は、いつも神経質である。
②社内での、合意をとる。
③総合的な展望が、欠けている。

ポイント

❶必要以上に外国語、特に英語の表現を使わない。
　☞読み手に、内容が伝わりにくくなる。
❷どうしても外国語を使う場合は、その直後にカッコ書きで日本語の意味を書く。
　〈例〉CS（顧客満足）を実現させることが、大切である。
❸イニシアチブ（主導権）、コミットメント（関与）、プライオリティ（優先順位）などもよく使われる外国語なので注意。
❹「ニュース」や「オフィス」など、すでに一般化している言葉は、そのまま使ってもよい。

10 副詞句の係りを、明確にする

係る言葉を明確にして、誤解のないようにする。

23日の朝8時半ごろ、大阪駅前にあるA銀行の夜間金庫が何者かによって壊され、現金がそっくり盗まれているのを出勤してきた支店長が見つけ、110番通報した。

① 大阪駅前にあるA銀行の夜間金庫が何者かによって壊され、現金がそっくり盗まれているのを出勤してきた支店長が見つけ、23日の朝8時半ごろ、110番通報した。
② 23日の朝8時半ごろ、大阪駅前にあるA銀行の支店長から110番通報があった。支店長が出勤してきたとき、夜間金庫が何者かによって壊され、現金がそっくり盗まれていたのだという。

ポイント

❶副詞句の係りがあいまいな表現をしない。
　☞読み手に、誤解を与えてしまう。
　☞わるい例では、「23日の朝8時半ごろ」が「壊され」「盗まれている」「出勤してきた」「見つけ」「通報した」のどれに係るのか、ハッキリしない。
❷具体的な改善策は、
　・副詞句を、係る言葉の近くに配置する。
　・文を区切る。

11 カッコは、文中では なるべく使わない

文章中でカッコ書きを多用すると、読みづらくなってしまう。

ノーベル生理学・医学賞を受賞した山中伸弥氏（当時50歳、京都大学iPS細胞研究所所長）は、親しみやすい人柄で、日本国民に好感を与えたものだった。

ノーベル生理学・医学賞を受賞した山中伸弥氏は、当時50歳で京都大学iPS細胞研究所所長を務めている。親しみやすい人柄で、日本国民に好感を与えたものだった。

ポイント

❶カッコは、文中ではなるべく使わない。
　☞カッコがあると、読みづらく、読み進むスピードが、遅くなる。
❷不要なカッコは外し、別の表現で簡潔に説明する。

12 責任逃れの表現を、しない

あいまいで、自信のない表現は避け、自分の文章に責任を持つ。

①私は、文学部の出身なので、経済のことは素人であるが〜
②時間の余裕がなかったので、詳しく調べられなかったが〜
③この点は重要だが、ページ数の関係で割愛したい。

ポイント

❶自分が書いた文章には、責任をもつ。
❷責任逃れの表現は、読み手に何の感動や共感も与えない。
☞スペース・時間・経費・エネルギーのムダをしない。

3 二重否定の表現は、しない

否定形を重ねると、回りくどく、分かりにくい文章になる。

わるい例
① 重要な問題では、ないとはいえない。
② 新しいコートが、欲しくなくもない。
③ 彼の活躍がなければ、優勝はありえなかった。

よい例
① 重要な問題である。
② 新しいコートが、欲しい。
③ 彼の活躍のおかげで、優勝できた。

ポイント

❶ 文章の中で、二重否定は使わない。
  ☞ 内容が、読み手にストレートに伝わらない。
  ☞ 文章のリズムが悪くなる。
❷ ストレートな肯定の表現にする。

| 第Ⅲ章 やってはいけない！日本語の使い方

14 漢字は、6字以上続けて使わない

漢字を羅列せず、ひらがなやカタカナをバランスよく配置する。

① 大手商社幹部社員が、ついに逮捕された。
② 日本製自動車の輸出台数が年々、増えている。

① 大手商社の幹部社員が、ついに逮捕された。
② 日本製の自動車の輸出台数が年々、増えている。

ポイント

❶ 漢字は、6字以上続けて使わない。
　☞ 漢字を6字以上続けると、読みづらくなる。
　☞ 文章全体が、硬いイメージになる。
　☞ 文章のリズムが悪くなる。
❷ 固有名詞や慣用的な言い回しの場合は、例外である。
　〈例〉内閣総理大臣、第二次世界大戦、原水爆禁止運動など。
❸ あるテーマについて書いた文章のうち、漢字とひらがなの割合は、「漢字：かな（カタカナも含む）＝4：6」ぐらいがよい。
　※ ITやファッション関係の文章のように、外来語が主になる場合は、「漢字：かな（カタカナも含む）＝3：7」ぐらいでよい。

15 「必ず〜」は、必要以上に使わない

「必ず〜」という表現は、文意を強調するのに役に立つが、使いすぎるとかえって説得力に欠けてしまう。

「この新事業を必ず成功させなければ、今期は必ず赤字になってしまう。苦しい状況だが、目標を必ず達成するよう努力してもらいたい」——社長は最近、必ず新事業の話をされる。

①「この新事業を成功させなければ、今期は赤字になってしまう。苦しい状況だが、目標を必ず達成するよう努力してもらいたい」——社長は最近、決まって新事業の話をされる。
②「この新事業を絶対に成功させなければ、今期の赤字は必至である。苦しい状況だが、目標を必ず達成するよう努力してもらいたい」——社長は最近、決まって新事業の話をされる。

ポイント

❶「必ず〜」という表現は、不用意に使いすぎない。
　☞ほとんどの言葉を強調するような文章は、何も強調していないのと同じになる。
❷「必ず〜」がなくても、意味が変わらないときは、省略する（よい例①）。
❸もちろん、必要な場合は「必ず〜」を使ってもよい。
❹「必ず〜」が重なるときは、場合によっては、他の言葉に置き換える（よい例②）。
　〈例〉「決まって〜」「いつも〜」「絶対に〜」「〜必至である」など。

|第Ⅲ章|やってはいけない！日本語の使い方

16 「〜を行う」という表現は、なるべく使わない

「〜を行う」という表現を多用すると、回りくどく、ややこしい文になってしまう。

①研究を行う。
②調査を行う。
③試験を行う。

①研究する。
②調査する。
③試験する。

ポイント

❶「〜を行う」という表現は、回りくどいのでなるべく使わない。
❷「行く」との区別がつきにくく、ややこしい文になる。
　※ただし、時には「〜を行う」として、リズム感を出すこともある。

17 「〜化」「〜性」「〜的」という表現は、なるべく使わない

接尾辞の「化・性・的」を多用すると、回りくどく、硬い文になる。

①今日の環境問題は、予想以上に複雑化している。
②A課長は、周りの人の意見への同化性が強い。
③講師の仕事は、彼や彼女にとっては副業的なものである。

①今日の環境問題は、予想以上に複雑になっている。
②A課長は、周りの人の意見に非常に同化されやすい。
③講師の仕事は、彼や彼女にとっては副業である。

ポイント

❶ あいまいな表現である「〜化」「〜性」「〜的」は、できるだけ控える。
　☞「化」「性」「的」がなくても、十分に意味が通じる。
　☞「〜化」「〜性」「〜的」とすると、文が硬くなってしまう。
　※ただし、「効果的」「激化」「流動性」や「基本的」など、ごく一般的な言葉として定着している語句は使ってもよい。

| 第Ⅲ章 | やってはいけない！日本語の使い方

18 「〜は〜は」は、使わない

助詞の「は」は、連続して用いると、読みにくい文になってしまう。

①無断欠勤をした社員はペナルティーを課せられるとした社内規則は、納得できる。
②禁錮以上の有罪判決が確定した場合に、地方公務員は当然に失職する旨を定めた地方公務員法は、憲法に違反しない。

①無断欠勤をした社員に対して、ペナルティーを課すとした社内規則は、納得できる。
②「禁錮以上の有罪判決が確定した場合に、地方公務員は当然に失職する」と定めた地方公務員法は、憲法に違反しない。

ポイント

❶「〜は〜は」という表現は、読みにくいので避ける。
❷どちらかの「は」を、別の表現に変える（よい例①）。
❸別の表現にしにくい場合は、「 」や──などを使う（よい例②）。

9 「〜が〜が」は、使わない

助詞「が」を連続して用いると、読みにくく、内容も分かりにくい文になってしまう。

①この旗には、日本人が好む色がたくさん使われている。
②声をかけられた人が、気持ちがよくなる話し方だ。

①この旗には、日本人の好む色がたくさん使われている。
②-1：声をかけられた人が、気持ちのよくなる話し方だ。
　-2：声をかけられた人が、気持ちよくなる話し方だ。

ポイント

❶「〜が〜が」という表現は、読みにくいので避ける。
　☞内容も分かりにくくなる。
❷どちらかの「が」を、別の言葉に置き換える（よい例②-1）。
❸おかしくなければ、「が」を取ってもよい（よい例②-2）。
　※どう書くか悩んだときは、声に出して読んでみるとよい。

| 第Ⅲ章 | やってはいけない！日本語の使い方

20 「の」を3回以上、続けて使わない

助詞「の」を多用すると、間延びして、読みにくい印象を与えてしまう。

①国際テロのぼっ発の条件のいくつかは、〜。
②イギリスの首都のロンドンの1950年当時の人口は、〜。

①国際テロがぼっ発する条件のいくつかは、〜。
②1950年当時、イギリスの首都・ロンドンの人口は、〜。

ポイント

❶「の」を3回以上続けると、間延びして、読みにくい文になる。
❷別の言葉に言い換える。例えば、動詞を使って言い換える（よい例①）。
❸言葉の順序を変えてみる（よい例②）。
❹「の」が2回なら、許される。

21 「〜だ」という表現を、3回以上繰り返さない

文末の「〜だ」という表現が続くと、単調で読みにくい印象になる。

彼は、プロの野球選手だ。日頃からバッティングはもちろん、守備の練習も一生懸命すべきだ。それでこそ、観客を喜ばせるプレーができるはずだからだ。

彼は、プロの野球選手である。日頃からバッティングはもちろん、守備の練習も欠かしてはならない。それでこそ、観客を喜ばせるプレーができるはずだからだ。

ポイント

❶ 文末に「〜だ」ばかりが続くと、読みにくくなる。
❷ 同様の理由で「〜である」も、繰り返しすぎない。
❸ 体言止めも、3回以上続けて使わない。
❹ 文末に変化をつけると、文章が生きてくることが多い。

| 第Ⅲ章 | やってはいけない！日本語の使い方

22 「〜こと」を、必要以上に繰り返さない

「〜こと」という表現は使いがちだが、多用すると読みにくくなる。

　　会社の方針がハッキリしないことは、社員にとっては不安なことである一方、目標が明確でないために、社員が日々の仕事への工夫を忘れることや非効率につながることになってしまう。

　　会社の方針がハッキリしないと、社員は不安である。さらに目標が明確でないために、社員が日々の仕事への工夫を忘れ、非効率になってしまう。

▶ ポイント

❶ 不必要な「〜こと」は、文章を読みにくくする。
❷ 「〜こと」が続く場合、なくても意味が通じるか、別の表現に言い換えられないかを考える。
　☞より文のつながりがスムーズになる。
※「〜こと」が続くのは、表現したい内容が頭の中でよく整理されていないからである。

23 「私は〜」の表現を、使い過ぎない

常に「私は〜」と主語を明示すると、稚拙な印象を与えてしまう。

> **×わるい例**
> 私は毎日、規則正しい生活を送りたいと思う。学生時代には、私は、次の日のことも考えずに夜遅くまで遊び回ったりすることが多かったが、社会人になって、私は、それではよい仕事ができるはずがないと思う。私は、月曜日から金曜日までは、集中して仕事に当たりたいと思う。それで初めて、週末の時間が、真に充実したものになると思うからだ。

> **○よい例**
> 毎日、規則正しい生活を、私は送りたい。学生時代には、次の日のことも考えずに夜遅くまで遊び回ったりすることが多かった。しかし、社会人になると、それではよい仕事ができるはずがない。月曜日から金曜日までは、集中して仕事に当たりたい。それで初めて、週末の時間が真に充実したものになると思うからだ。

ポイント

❶「私は〜」という表現を使い過ぎると、稚拙な印象になる。
❷ 200字程度の文章では、せいぜい1回にとどめる。
❸ 書き出しに「私は〜」を使わない。

| 第Ⅲ章 | やってはいけない！日本語の使い方

24 「〜という」と「〜と言う」を、区別する

「言う」は実際の動作を表し、「いう」には実質的な意味はない。

①サッカーと言うスポーツは、〜
②「サッカーが好きだ」という人は、〜

①サッカーというスポーツは、〜
②「サッカーが好きだ」と言う人は、〜

ポイント

❶実際にだれかが言った言葉でない場合は、「〜という」と表現する（よい例①）。
※「〜という」には、実質的な意味はない。

❷実際に言った言葉の場合は、「〜と言う」と表現する（よい例②）。
「よぶ」「呼ぶ」も、同じように区別して使う。
〈例〉本物の学校とよばれるスクール東京は、〜
　　　「おーい」と呼んだ。

25 話し言葉を、使わない

話し言葉で表現すると、稚拙で間延びした印象を与えてしまう。

わるい例
① こっちから何か質問すべきだった。
② 会社を設立したりする方法は、いろいろある。
③ 私は、やましいことは決してしてません。
④ 彼は、ちょくちょく遊びに来るようになった。
⑤ 正月ぐらい、ゆっくり休みたいもんだ。
⑥ 夏は、やっぱり暑いほうがよい。

よい例
① こちらから何か質問すべきだった。
② 会社を設立する方法は、いろいろある。
③ 私は、やましいことは決してしていません。
④ 彼は、しばしば（たびたび）遊びに来るようになった。
⑤ 正月ぐらい、ゆっくり休みたい。
⑥ 夏は、やはり暑いほうがよい。

ポイント

❶ 話をするように文章を書くことは大切。しかし、話し言葉をそのまま文章にすると、書き言葉としては幼稚な表現になる場合がある。文章を書くときは、よく考えて言葉を選ぶ。
❷ 読み手に、不快感を与える場合さえある。
❸ 話し言葉では、文章が間延びしてしまう。

| 第Ⅲ章 | やってはいけない！日本語の使い方

26 文中の「〜である〜」という表現は、省略する

文中で「〜である〜」という表現を使うと、リズムの悪い文になる。

彼は、三冠王であるのだから、まさにスーパースターだ。

彼は、三冠王だから、まさにスーパースターだ。

ポイント

❶ 文中の「〜である〜」には意味がなく、文章のリズムを悪くしてしまう。

❷ 特に文末が「である」の場合には、文の途中で使わないようにする。

第 IV 章

もう迷わない！
日本語表記の原則

1 常用漢字を、使う

一般的な文書では、常用漢字を用いて、読みやすい表現にする。

✕わるい例
①どんな理由があっても、他人を貶めることをしてはならない。
②わが社の新製品開発の情報が、外部に漏洩していたことが分かった。

○よい例
①-1：どんな理由があっても、他人をおとしめることをしてはならない。
　-2：どんな理由があっても、他人をさげすんではならない。
②わが社の新製品開発の情報が、外部に漏れていたことが分かった。

ポイント

❶ビジネス文書では、原則として常用漢字を使う。
❷常用漢字とは、社会生活で一般によく使用される漢字の目安として選定された2,136字種とその字体，4,388の音訓（音2,352，訓2,036）からなる。文化審議会の答申に基づいて、2010年に内閣告示された。
❸常用漢字でない漢字は、ひらがなにするか、別の表現に書き換える。
❹読み手と文章の性格から考えて、漢字のほうが読みやすい場合には、例外的に常用漢字でない漢字を使ってもよい。
　〈例〉彼の計画は、すぐにざ折した。→彼の計画は、すぐに挫折した。
❺どうしても、常用漢字以外の漢字を使いたいときは、（　）で読みがなを付けるか、ルビ、ふりがなをふる。

|第Ⅳ章|もう迷わない！日本語表記の原則

2 難しい漢字は、「ひらがな」で書く

難解な漢字は、ひらがなに直したり、ルビをふったりすることで読みやすくする。

わるい例
①引っ手繰り
②山茶花
③九十九折り

よい例
①ひったくり
②さざんか
③つづら折り

ポイント

❶難しい漢字や読みにくい漢字などは、「ひらがな」で書く。
　☞読み手が、いちいち辞書を引かなければならない文章は、悪文である。
❷難しい漢字や読みにくい漢字を、あえてそのまま使う場合。
　☞（　）を付して読みがなを書くか、漢字にルビをふる。
　〈例〉山茶花（さざんか）／山茶花（さざんか）
❸読みがなやルビは、最初に出てくる漢字に付ければよい。同じ文章中で何度も繰り返して付ける必要はない。
❹１冊の本などで、読みにくい漢字に読みがなやルビを付けた後に、何十ページも間があく場合には、再度、読みがなやルビを付ける。
❺人の名前など、非常に読みにくい文字には、すべてに読みがなやルビを付けることもある。

3 意味によって、漢字とかなを使い分けたほうがよい語句もある

「具体的なものは漢字」「抽象的なものはかな」が基本。

例

①「事」と「こと」
　(A) 事の発端は、思いもしないミスであった。[具体的な内容]
　(B) 考えてみたこともない。[抽象的な内容]

②「時」と「とき」
　(A) 時には朝早く起きて、散歩でもしたいものだ。[ある時期・時点]
　(B) 親孝行、したいときには親はなし。[状況・仮定・条件]

③「所」と「ところ」
　(A) カメラに向かって立つ所を決める。[場所・位置]
　(B) 意思の疎通がないところに、失敗の原因があった。[状況・理由]

④「通り」と「とおり」
　(A) この通りを真っすぐ行くと海に出る。[具体的な道路]
　(B) 会長のお話のとおりになった。[筋道や内容]

⑤「物」と「もの」
　(A) 物をなくしてしまった。[具体的な物品]
　(B) 正しいものかどうか分からない。[抽象的な存在]

ポイント

❶「時」や「事」などは、意味によって漢字とかなを使い分ける。
❷基本は、「具体的なものを指すときは漢字」「抽象的なものを指すときはかな」である。

4 接続詞・副詞・連体詞・助詞・助動詞などは、かな書きにする

接続詞などを漢字で書くと、硬い印象になってしまう。

❌わるい例	⭕よい例
❶接続詞・副詞	
❶及び	❶および
❷且つ	❷かつ
❸更に	❸さらに
❹従って	❹したがって
❺即ち	❺すなわち
❻但し	❻ただし
❼因みに	❼ちなみに
❽遂に	❽ついに
❾尚	❾なお
❿並びに	❿ならびに
⓫又	⓫また
⓬若しくは	⓬もしくは
❷連体詞	
❶凡ゆる	❶あらゆる
❷或る	❷ある
❸此の	❸この
❹其の	❹その
❺何の	❺どの
❸動詞・助動詞・補助動詞	
❶申し上げる	❶申しあげる
❷〜有る	❷〜ある
❸〜行く	❸〜いく
❹〜置く	❹〜おく
❺〜下さい	❺〜ください
❻〜で無い	❻〜でない
❼〜の様に	❼〜のように

❹助詞・連語

❶〜と言う	❶〜という
❷〜位	❷〜くらい
❸〜丈	❸〜だけ
❹程	❹ほど

❺形式名詞

❶事	❶こと
❷通り	❷とおり
❸時	❸とき
❹所	❹ところ
❺物	❺もの

❻感動詞

❶嗚呼	❶ああ
❷お早う	❷おはよう
❸今日は	❸こんにちは

❼接頭語・接尾語

❶御〜	❶お〜
❷〜限り	❷〜かぎり
❸〜毎	❸〜ごと
❹〜味 ※1	❹〜み
❺〜目 ※2	❺〜め

※1 新鮮味、甘味(かんみ)……など、上の言葉が音読みなら、漢字の「味」を使う。
※2 2日目、7番目、折り目……などの場合は、漢字の「目」を使う。

ポイント

❶接続詞、副詞、連体詞、助動詞、補助動詞、助詞、連語、形式名詞、感動詞、接頭語や接尾語などには漢字を使わない。
☞見た目が、硬い印象になってしまう。

❷名詞や動詞には、漢字を使ったほうが分かりやすい。
〈例〉
「したがって、〜」……接続詞は「かな」
「意見に従って〜」……動詞は「漢字」

5 漢字やかなは、文章中で統一する

1つの文章中で表記がばらつくと、読者が戸惑ってしまう。

ポイント

❶常用漢字や送りがなは、1つの文章の中で統一して使う。
　☞読者が戸惑わず、ストレスなく読める。
❷「当たり（当り）・今（いま）・おもしろい（面白い）・きのう（昨日）・きょう（今日）・わかる（分かる）」などは表記がばらつきやすいので、注意する。

6 初めての用語は、直後に説明する

用語の説明を初めにすることで、読者の理解を助ける。

　彼女は、かくれ肥満に気づいている。しかし、どうすることもできないでいる。

　彼女は、かくれ肥満に気づいている。
　かくれ肥満とは、見た目では太っていないのに体脂肪が多いことである。
　しかし、彼女はどうすることもできないでいる。

ポイント

❶ 新しい用語を使う場合は、すぐ後に説明をする。
　☞ 内容が、分かりやすくなる。
❷ 一度、説明した用語については、その後の説明は不要である。

7 略語を使う場合、初めに正式名称を明記する

文章中でいきなり略語を用いても、読者に伝わらない場合がある。

例

略語
①日本経団連
②関空
③スマホ

正式名称
①日本経済団体連合会
②関西国際空港
③スマートフォン

ポイント

❶ 略語を使う場合は、初めに正式名称を明記する。
　☞ 読み手の理解を助けるため。
〈例〉この件に関する日本経済団体連合会（日本経団連）の会長の見解は、次のとおり。
　　　（中略）
　　日本経団連会長として、異例の記者会見であった。
※ただし、社内文書の場合は、例外的に、初めから「日本経団連の～」と表記することもある。

❷ 略語は、正しいものを使う。
　☞ 自分勝手な略語にしてしまうと、読み手に意味が通じない。
〈例〉「日本経済団体連合会」を「日経済連」などとすると、意味が通じなくなる。

❸ 法令などの正式名称には、特に注意する。
　☞ 一般に正式名称と思われている名称でも略語の場合がある。
〈例〉「男女雇用機会均等法」も、厳密には略語。正式には、「雇用の分野における男女の均等な機会及び待遇の確保等に関する法律」という。

8 カタカナの複合語は、間に中黒「・」を入れて表記する

単語の区切りを明確にして、意味を正確に伝える。

①アラカルト
②インフルエンザウイルス
③オフィスオートメーション
④ギブアンドテイク
⑤ケースバイケース
⑥コンピュータグラフィックス

①ア・ラ・カルト
②インフルエンザ・ウイルス
③オフィス・オートメーション
④ギブ・アンド・テイク
⑤ケース・バイ・ケース
⑥コンピュータ・グラフィックス

ポイント

❶原語が2つ以上の単語からなるカタカナの複合語は、単語ごとに中黒「・」(ナカグロ。中点ともいう)を入れて表記する。

※1 ただし、時には、中黒を入れずに1字あけることもある。
〈例〉インフルエンザ　ウイルス
　　　　　　　　　　↑
　　　　　　　　　1字アキ

※2 すでに日本語化しているものは、中黒を省略する。
〈例〉カラーテレビ、ベストテン

| 第Ⅳ章 | もう迷わない！日本語表記の原則

9 一般的でないカタカナ表記を使う場合、カタカナと欧文の両方を書く

馴染みのないカタカナは、原語を併記することで、より分かりやすくする。

①ソーラー・プレーンとは、太陽電池を用いた飛行機である。
②キー・カレンシーとは、国際間の貿易や金融取引の決済、および準備資産として利用される通貨のことである。

①ソーラー・プレーン（solar plane）とは、太陽電池を用いた飛行機である。
②キー・カレンシー（key currency：基軸通貨）とは、国際間の貿易や金融取引の決済、および準備資産として利用される通貨のことである。

ポイント

❶ 聞き慣れないカタカナ表記を使うとき、カタカナだけでなく、原語のつづりも書くようにする。
☞ カタカナだけでは、その言葉の意味を理解しにくい。
❷ 日本語の訳語を加えると、より分かりやすくなる（よい例②）。
❸ 2回目以降は、カタカナだけでよい。

カタカナ表記を、アクセントとして使う

強調したい言葉をカタカナにすることで、文章にメリハリがつく。

例

①会社にとっては、「ヒト・モノ・カネ」が大切である。
②文章を書くときには、テンの打ち方に注意する。
③どんなときでも、イキイキとしていたいと思う。
④彼は、いつもハッキリと自分の意見を言う。

ポイント

❶ カタカナ表記は、不用意に使うべきではないが、時にアクセントとして使うこともある。
　☞文章にメリハリがつき、読みやすくなる。
❷ 決して、使いすぎないこと。

11 欧文表記の略語には、日本語の意味を付ける

日本語の表記を明記することで、読み手が理解しやすくなる。

① IOC の総会が、ニューヨークで開かれた。
② OEM は、一種の委託生産であり、家電製品などの生産でよく行われる方法である。
③ OPEC が、3年ぶりに原油価格の値上げを発表した。

① IOC（国際オリンピック委員会）の総会が、ニューヨークで開かれた。
② OEM（相手先商標製品の製造）は、一種の委託生産であり、家電製品などの生産でよく行われる方法である。
③ OPEC（石油輸出国機構）が、3年ぶりに原油価格の値上げを発表した。

ポイント

❶ 一般的でない欧文表記の略語を使うときは、日本語の意味をカッコ書きで付けるようにする。
　☞ 読み手が、理解しやすくなる。
❷ 場合によっては、原語を示した上で日本語の意味を付ける。
　〈例〉IOC（International Olympic Committee：国際オリンピック委員会）
❸ 1つの文章に、同じ略語が2回以上出てきた場合、2回目からは、カッコ内の日本語は省略する。
❹「PTA」など、ごく一般化した表記には、カッコ書きを付けなくてもよい。

2 英字の大文字・小文字の使い分けに、注意する

欧文表記では、略語や単位記号の種類によって大文字と小文字を使い分ける。

(1) 略語
① ioc（国際オリンピック委員会）
② who（世界保健機関）
③ cpu（中央演算処理装置）

(2) 単位記号
① KG
② M
③ PPM

(3) 単位記号2
① ph または PH
② hpa または HPA
③ kw または KW

(1) 略語
① IOC（国際オリンピック委員会）
② WHO（世界保健機関）
③ CPU（中央演算処理装置）

(2) 単位記号
① kg
② m
③ ppm

(3) 単位記号2
① pH
② hPa
③ kW

ポイント

❶ 英字表記の場合は、大文字と小文字の使い方に注意する。
❷ 略語は、大文字で表記する（よい例 (1)）。
❸ 単位記号は、JIS（日本工業規格）で決められている表記に従う（よい例の (2) と (3)）。

| 第Ⅳ章 | もう迷わない！日本語表記の原則

13 略語やカタカナ語などは、文中で統一する

略語やカタカナ語の表記が混在すると、分かりにくい文章になる。

ポイント

❶ 略語やカタカナ語などは、同じ文章の中では統一して使う。
　☞文全体に統一感があり、文章の「品質」がよくなる。
　☞読み手が、戸惑ったり、イライラしなくて済む。
❷ アメリカ（米国）、フランス（仏国）、グローバル・スタンダード（世界標準）、B/S（貸借対照表）、P/L（損益計算書）、DV（家庭内暴力）、Mac（マッキントッシュ）などは、表記のばらつきがないように注意する。

14 固有名詞は、絶対に間違えない

固有名詞を間違えると、その文章の信頼度が大きく下がる。

ポイント

❶固有名詞とは、あるものを特定する名称を表す名詞をいう。例えば「田中一郎」「東京都」『枕草子』など、人名、地名や書名などを表す名詞である。

❷文章を書き上げたら、使われている固有名詞に誤りがないかどうか、1つ1つ確認する。
　☞固有名詞に誤りがあると、その文章全体の信頼性が失われてしまう。

❸次のような人名は、特に紛らわしいので注意する。
　①一郎　　一朗
　②大田　　太田
　③斉藤　　斎藤　　齋藤
　④沢田　　澤田
　⑤隆　　　隆
　⑥高橋　　髙橋
　⑦辻　　　辻
　⑧富永　　冨永
　⑨長嶋　　長島
　⑩渡部　　渡辺　　渡邉　　渡邊

15 | 人名は、必ずフルネームで書く

人の名前は、フルネームで書かなければ失礼になる。

大板電気株式会社
販売促進課
山田様

　　　　　　　　　　　　　　株式会社末永広告社
　　　　　　　　　　　　　　営業二課
　　　　　　　　　　　　　　吉田

大板電気株式会社
販売促進課
山田陽介様

　　　　　　　　　　　　　　株式会社末永広告社
　　　　　　　　　　　　　　営業二課
　　　　　　　　　　　　　　吉田一郎

ポイント

❶ 相手の名前であれ、自分の名前であれ、外部への文書では必ずフルネームで書く。
　☞ 人名を略しては、失礼になる。
　☞ 特に、同姓の人がいた場合には、名字（氏・姓）だけでは混乱する。
❷ ハガキや手紙などでも、必ずフルネームで書く。
❸ 同じ文中で同じ人名を使う場合、2度目以降は、名字（氏・姓）だけでよい。
❹ 万が一、何かしらのトラブルが起こりそうな場合は、名字（氏・姓）だけでよい。

6 社名は、正式名称で表記する

社名を間違えたり、略したりするのは失礼にあたる。

 わるい例
①豊田自動車（株）
②キャノン（株）
③キューピー（株）
④日本アイビーエム（株）
⑤富士フィルム（株）
⑥スクールTOKYO

 よい例
①トヨタ自動車株式会社
②キヤノン株式会社
③キユーピー株式会社
④日本アイ・ビー・エム株式会社
⑤富士フイルム株式会社
⑥スクール東京

ポイント

❶ 社名は、決してあいまいなままで使ってはいけない。
　☞ 社名の間違いは、当事者に失礼になる。
　☞ 読み手の信頼感を、失ってしまう。
❷ カタカナ表記の社名では、特に長音符号、中黒や拗促音（ようそくおん）などに注意する。
　※拗促音とは、拗足（「きゃ」「きゅ」「きょ」など）と促音（つまる音「っ」）のこと。
❸（株）は正式な表記ではない。略さずに、「株式会社」と書くことが失礼にならない書き方。
　※略式の場合は、トヨタ自動車（株）などでもよい。

17 登録商標は使わず、普通名詞で表記する

登録商標と普通名詞を混同しないようにする。

× わるい例　登録商標
① ウォークマン
② エレクトーン
③ 亀の子たわし
④ クレパス
⑤ セメダイン
⑥ ゼロックス
⑦ セロテープ
⑧ 宅急便
⑨ ポスト・イット
⑩ マジックインキ

○ よい例　普通名詞
① ポータブル・オーディオ・プレイヤー
② 電子オルガン
③ たわし
④ パステル・クレヨン
⑤ 接着剤
⑥ 複写機
⑦ セロハン・テープ
⑧ 宅配便
⑨ ふせん
⑩ フェルト・ペン

ポイント

❶ 登録商標を、そのまま使ってはいけない。
❷ 登録商標を使う場合は、商標法に則って、断り書きを入れる。
　〈例〉MS-DOS は、米国・マイクロソフト社の登録商標です。

8 肩書は、その人名が初めて出るところに付ける

肩書の種類や表記を理解して、正しい情報を伝えよう。

ポイント

❶ 初めに姓名をきちんと書き、読み手に正確な情報を伝える。

❷ 肩書は、その人名が初めて出てくるところに付ける。
  ☞ 肩書によって、その人の立場や状況などが予想できる。

❸ 2回目以降は、姓のみでよい。
  〈例〉F社の鈴木太郎会長が、アメリカのA社を訪問した。鈴木会長がかねて計画していた、A社との業務提携の話を進めるためであった。

❹ 姓名の直後に肩書を付けると、敬称になる。
  〈例〉佐藤一郎会長、田中花子先生

❺「前」「元」「故」は、肩書や氏名の前に付ける。
  ①「前」は、当人の直接の後任者が現職にある場合、または当人が辞任後、まだ後任者が決まらない場合に使う。
  ②「元」は、ⅰ）当人の後任者が変わった後、ⅱ）ある職業や身分を辞めたとき、ⅲ）称号、身分や組織などが変わったり、なくなったときなどに使う。
  〈例〉元会長、元国鉄職員
  ③「故」は、死者であることをハッキリさせる場合に使う。これは、氏名の前に付ける。
  〈例〉故渥美清氏

❻ 生きている人には、基本的に「氏」または「様」「さん」の敬称を付ける。

❼ 死去してある程度時間（目安は30年）が経った人や歴史上の人物には、普通、敬称を付けない。

| 第Ⅳ章 | もう迷わない！日本語表記の原則

19 「拝啓」と「敬具」の書き方を統一する

「拝啓」は行頭から1字あけ、「敬具」は行末から1字あけて書く。

×わるい例

拝啓　初秋の候
　　　　　申し上げます。
　　　　　　　　　敬具

拝啓
初秋の候
　　　　　申し上げます。敬具

○よい例

◎一番正しい書き方

拝啓
初秋の候　〇〇〇〇におかれましては
　　　　　　　　　　　申し上げます。
　　　　　　　　　　　　　　　　敬具

○スペースがないとき

拝啓　初秋の候　〇〇〇〇におかれましては
　　　　　　　　　　　申し上げます。敬具

ポイント

❶「拝啓」（頭語）と「敬具」（結語）の書き方を統一する。
　☞バラバラでは、いいかげんと思われる。
❷「拝啓」は行頭から1字あけて書く。「拝啓」の後で、改行する。
❸「敬具」の前で改行し、行末から1字あけて書く。

※どうしてもスペースが取れないときは、「拝啓」の後で1字あきで文章を続け、文章の終わりから1字あけて「敬具」と書く。

| 第Ⅳ章 | もう迷わない！日本語表記の原則

20 礼状は、「1件1礼」にする

礼状は1件に対して、1つのお礼のみを書き、感謝の気持ちを素直に伝える。

```
                                      ××年×月×日
  ○○株式会社
  △△部　課長○○○○様

                                      株式会社△△△
                                      営業部××××


    拝啓
    日頃ますますのご隆盛、お慶び申しあげます。
    さて、このたび、弊社の○○○のご発注をたまわり、厚くお
  礼申しあげます。○○○は、弊社が社運をかけて開発した自信
  作でございます。
    貴社のさらなるご発展に、必ずやお役に立てるものと確信い
  たしております。
    今後ともなにとぞ、ご支援たまわりますよう、よろしくお願
  い申しあげます。
    まずは、略儀ながら書中をもってお礼申しあげます。
                                              敬具
```

ポイント

❶礼状は「1件1礼」に徹する。
　☞別件が書いてあると、受け取ったほうが、「ついでに礼状か」と思いかねない。
❷お礼の気持ちを、素直に書く。
❸感謝の言葉をしつこく書くと、かえって逆効果。
❹礼状は原則としてハガキが適当である。
　※受けた恩が大きいときは、封書にする。
❺いつでもすぐ出せるように、礼状用のハガキを常に手元に置いておく。

❻礼状は、お世話になった日から、遅くとも3日以内に出す。
❼あまりに小さなことにまで、礼状を出すことはしない。
　☞コーヒーを1杯ごちそうされたからといって、その件で礼状をもらっても、相手は困惑するだけ。

| 第Ⅳ章 | もう迷わない！日本語表記の原則

21 あいさつ文で、季語・決まり文句は、使わない

手紙のあいさつでは、自分の経験を自分の言葉で書いて、思いを込める。

①風薫る若葉の五月……
②貴台、ますますご健勝のこととお慶び申し上げます。

①ビルの前の街路樹が、青さを増してまいりました。
②○○様、お元気なことと、お察しいたします。

ポイント

❶ ビジネス文では、季語や季語的な言葉は、使わない。
 ☞ 春―藤・チョウ、夏―麦・ゲンゴロウ、秋―すいか・トンボ、冬―小松菜・サメなどの季語や、1月―厳冬、8月―残暑、12月―寒冷などの季語的な言葉は、旧暦を基準にしており、実生活にそぐわない印象となる。
 ☞ 仕事上では、なじまない

❷ 決まり文句なども、使わない。
 ☞ 高貴な人―貴下、尊下、奥様―ご令室様、目上の人―貴台、尊台など、難しい言葉を使うと、相手との関係が遠く感じてしまう。
 ☞ 古風すぎる感じを相手に与える。

❸ あいさつや感想などの文章は、自分の言葉で素直に書く。
 ☞ 自分の「半径5メートル」のエピソードを、思い浮かべるとよい。
 ※この場合、表現がつたなくてもよい。

数字は算用数字を使い、単位数字は「万、億、兆……」を使う

横書きでは算用数字と、単位数字を組み合わせることで、読みやすく、誤読されない文になる。

① 780,000,000 円
② 13,003,750,000,000 円

① 7 億 8,000 万円
② 13 兆 37 億 5,000 万円

ポイント

❶ 横書きの文章では、算用数字を使う。
❷ 大きい数字の場合、「万、億、兆……」の単位数字を使うと、読みやすく、誤読されにくい。
❸ 単位数字の「十、百、千」は使わない。
　☞ かえって読みにくくなる。
　※横書きでも、①数量感の薄い言葉、②慣用句や成句、③固有名詞、④概数、などには漢数字を使う。

23 数字表記は、単位によって使い分ける

万以上の数字でも、算用数字のまま表記する場合もある。

例

① 所番地：東京都東京区東京 3-4-16-303
② 西暦年：2006 年 8 月 10 日
③ パーセント：78.5%
④ 緯度・経度：北緯 23 度 45 分、東経 125 度 20 分
⑤ 法令番号：刑法第 85 条
⑥ 得票数：582,000 票
⑦ 速度：毎時 120 キロメートル
⑧ 標高、水深や水位など：13,870 メートル
⑨ 降雨量、積雪量や氷厚など：150 ミリメートル
⑩ 気圧：1,013 ヘクトパスカル
⑪ 風速：25 メートル
⑫ 気温、水温や体温など：摂氏 26 度
⑬ 重量：15,000 トン
⑭ 身長、体重：174 センチメートル、65 キログラム
⑮ 角度：15 度、360 度
⑯ 宇宙飛行体の軌道要素：周期 92.17 分
⑰ 大砲の口径：200 ミリ自走砲
⑱ 放射線量：500 ミリシーベルト
⑲ 排気量：1,600cc
⑳ 周波数：1,240 キロヘルツ

ポイント

❶ 上記の例のような場合は、仮に万以上の大きな数字であっても、単位数字は付けない。
❷ 位取りのカンマ「,」は、忘れずに付ける（例②の西暦年には、付けない）。

24 数字は、3ケタごとにカンマ「,」を付けて位取りをする

カンマで数字を区切ることで、ケタ数が分かりやすくなる。

① 1350 円
② 128375000 人

① 1,350 円
② 1億2,837万5,000人

ポイント

❶ 数字の位取りは、3ケタごとにカンマ「,」を付けると、読みやすくなる。

※西暦年には、カンマは付けない。2020年など。

❷ 万以上の算用数字には、単位数字の「万、億、兆……」を使う(第Ⅳ章22項参照)。

❸ 小数点未満の数字がある場合には、小数点「.」で示す。

〈例〉 1,350.35円

※「.」は、数字に使えば小数点を意味する。欧文の文章に使えば、終止符(ピリオド)を意味する。

25 概数は、「数」「何」「約」「前後」「余り(足らず)」などで表す

正確な数字が分からない場合、概数を使う。

例

①数
10数人／10数個／10数メートル／10数時間

②何
10何人／10何個／10何メートル／10何時間

③約
約10人／約10個／約10メートル／約10時間

④前後
10人前後／10個前後／10メートル前後／10時間前後

⑤余り
10人余り／10個余り／10メートル余り／10時間余り

⑥足らず
10人足らず／10個足らず／10メートル足らず／10時間足らず

ポイント

❶概数は、「数」「何」「約」「前後」や「余り(足らず)」などで表す。
❷上記の例①、②の場合、横書きでも漢数字を使うことも多い。
　〈例〉十数人、千数百円、百何時間
❸「約」は、「おおむね」「おおよそ」「ほぼ」などともいう。
❹「前後」は、「くらい」「程度」などともいう。

26 数値の範囲を示すときは、数字を省略しない

数字を省略せずに数値の範囲を示すことで、誤読をされないようにする。

3～5,000人
3～5千人

3,000～5,000人
3千～5千人

ポイント

❶ 数値の範囲を示すときは、数字を省略しない。
　☞ 読み誤りをなくすため。
❷ わるい例では、「3人から5,000人」「3人から5千人」とも読める。
❸ よい例のように書けば、「3,000人から5,000人」「3千人から5千人」であることが明確になる。
　※西暦年の場合は、省略してもよい。
　　〈例〉2004～09年
　　　ただし、1895～1905年などの場合は、もちろん省略しない。

| 第Ⅳ章 | もう迷わない！日本語表記の原則

27 縦書きの場合は、漢数字を使う

縦書きは、もともと漢字用のスタイルなので、原則としては漢字を用いる。

例

①-1：
一三九〇人
二九六円
一五メートル
七〇回

①-2：
千三百九十人
二百九十六円
十五メートル
七十回

②（概数）
五百〜六百人
二、三人

ポイント

❶縦書きの文章では、漢数字を使う。
　☞縦書きは、もともと漢字用の文章スタイルである。
　☞算用数字では、読みにくい。
　※ただし、住所の場合は、算用数字のほうがよいこともある。
　☞「一」「二」「三」などが縦書きで続くと、紛らわしい。
❷上記の例のように、「十、百、千」の単位数字を使う場合と使わない場合とがある（例①-1、①-2）。
　※ただし、同じ文章中では、どちらかの表記に統一して使う。

28 「以上」「以下」は、基準値を含む

「以」という漢字は、基準を含めるという意味を持つ。

ポイント

❶ 「未満」は、基準値（数や時など）に達していないことを表す。基準値は含まない。「超える」は、基準値を超えていることを示す。基準値を含まず、それより大きい数値を表す。

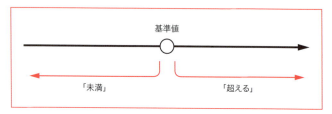

❷ 「以内」「以下」「以前」「まで」は、いずれも基準値を含み、それより小さい数値を表す。「以降」「以上」「以後」「から」は、基準値を含み、それより大きい数値を表す。

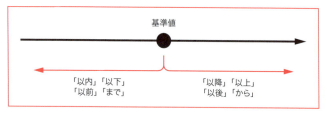

※1 「以前」には、別の用法もある。
〈例〉「百年以前」とは、現在から百年前のある時点を指す。
「明治以前」「戦争以前」などという場合は、明治時代や戦争になる前の期間を指す。

※2 「以外」は、基準値でないものすべてを表す。

29 「〜前」「〜後」は、基準値を含まない

"以（い）"なければ含まず、"以（い）"れば含む」と、覚える。

例

① プロ野球開幕前3日の4月4日

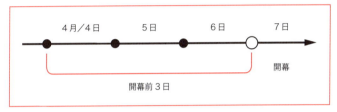

② 株式上場後、7日が過ぎた11月8日

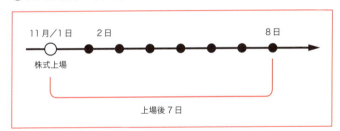

ポイント

❶「〜前」「〜後」は、基準値を含まない。

「ぶり」「目」「足かけ」「周年」を、正しく使う

時間の数え方をいいかげんにすると、読み手に誤った情報を与えてしまう。

例

①審議は、突然の中断から 20 日ぶりに再開した。
　……「中断の日」を含めず、その次の日から数えて 20 日。
　※次の日に再開される場合だけは「翌日」といい、「1 日ぶり」とはいわない。
②審議は、突然の中断から 20 日目に再開した。
　……「中断の日」を含めて数えて 20 日。
③会社を設立して、足かけ 3 年になる。
　……会社設立年を含めて 3 年目に入ったとき。
④会社の 3 周年にあたって、記念式典を行った。
　……会社が設立されて、丸 3 年が経った日のこと。

ポイント

❶「ぶり」は、起算の時を含まない。
❷「目」は、起算の時を含む。
❸「足かけ」は、起算の時を含む。
❹「周年」は、丸何年かが経ったことを意味する。
　※「ぶり×・目○・かけ○・周○」と覚える。

31 | 文章が公表される年、月や日などを、考えて書く

実際に読者が読む時期を想定して書くことで、誤解を招かないようにする。

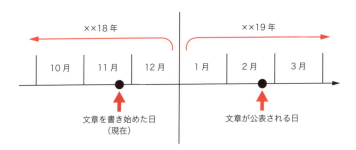

> **✗ わるい例**
> ××18年、現在の日本では、〜。
> （文章を書き始めた日は、××18年11月で、公表されるのは××19年2月）

> **○ よい例**
> ××19年、現在の日本では、〜。
> （文章を書き始めた日は、××18年11月で、公表されるのは××19年2月）

ポイント

❶ 書いた文章が公表される年、月や日などを考えて書く。
  ☞ 年、月や日などが古いと、内容まで古いと思われてしまう。
❷ 円相場や株価など、変化が激しい内容の場合は、必ずその年月日を明記する。
  ☞ 信頼性を保つため。
❸ 原稿ができあがった段階で読み返し、状況が変わっていないかどうかをチェックする。
  ☞ 数値が変わったことで、つじつまが合わなくなることがあるので注意。

前の出来事は、「先日」「最近」「このほど」として書く

何気ない表現にも、しっかりと基準を定めておく。

例

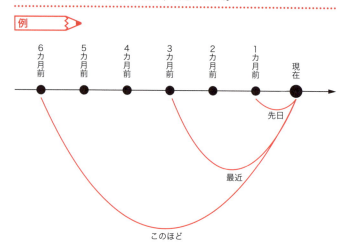

ポイント

❶「先日」「最近」「このほど」を使う。
　☞文章の内容が古くさい、と読み手に感じられないようにするため。
❷「先日」とは、1日から1カ月ぐらい前までの期間を指す。
❸「最近」とは、1日から3カ月ぐらい前までの期間を指す。
❹「このほど」とは、1日から半年ぐらい前までの期間を指す。

| 第Ⅳ章 | もう迷わない！日本語表記の原則

33 年号表示と西暦表示を、併記する

年号で考える人、西暦で考える人、どちらにも配慮する。

①昭和20年、日本は太平洋戦争で敗戦した。
②1945年、日本は太平洋戦争で敗戦した。

1945年（昭和20年）、日本は太平洋戦争で敗戦した。

> ポイント

❶原則として、年号表示と西暦表示を併記する。
　☞年号表示だけだと、今から何年前のことか分からない（わるい例①）。
　※年号とは、年に付ける称号である。元号ともいう。日本の場合では明治・大正・昭和・平成などがある。
　☞西暦表示だけだと、日本の時代の状況を連想しにくい（わるい例②）。
　※西暦とは、キリストの誕生の年を元年とみなして数える、年代の数え方である。
❷文中では、できる限り、年号を入れる。
　☞内容が、すぐに古くなって、どの時代のものか分からなくなるから。
　☞「20年」だけでは、昭和か平成かわからない場合もある。

34 文中の符号は、慣用に従って正しく使う

符号は、勝手に自己流な使い方をしてはいけない。

例

符号（名称）／使い方

① 。　（句点）
文の終わりに打つ。

② 、　（読点）
読みやすく、分かりやすくするために打つ。

③ ・　（中黒、中点）
名詞を並記したり、カタカナの複合語の区切りなどに使う。

④ （ ）　（カッコ、丸カッコ、パーレン）
語句や文に注記を付けたり、漢字の読みを示すときに使う。

⑤ 「 」　（カギカッコ）
会話文や引用文などに付ける。

⑥ 『 』　（二重カギカッコ）
カギカッコの中で、さらにカギカッコを使うときや、書名、テレビ番組名、映画のタイトルなどに付ける。

⑦ 〈 〉　（ヤマカギ）
丸カッコ（ ）の中の細項目には、〈 〉を付ける。

⑧ ？　（疑問符）
疑問文の終わりに付ける（正式のビジネス文書では使わない）。

⑨ ！　（感嘆符）
感嘆文の終わりに付ける（正式のビジネス文書では使わない）。

⑩ 〜　（連続符号）
範囲を示すときに使う。

⑪ -　（ハイフン）
番地や電話番号の区切りなどに使う。

⑫ ：　（コロン）

事例や比率を示すとき、また「すなわち」の意味などに使う。

⑬ ，　（カンマ）

数字の3ケタごとの区切りに使う。

⑭ ．　（ピリオド）

小数点や略語に使う。

⑮ …　（3点リーダ）

言葉の省略や無言を表すときなどに使う。

⑯ —　（ダーシ、ダッシュ）

語句のつなぎや補足・注釈などに使う。

⑰ " "　（クォーテーションマーク）

カギカッコの代わりに使うことがあるが、引用には使わない。

⑱ 々　（繰り返し符号）

漢字の繰り返しを示すときに使う。

⑲ 〃　（チョンチョン、ノノ字点、同じく記号）

項目や用語などの繰り返しを示すときに使う。

| ポイント |

❶文中の符号は、慣用に従って正しく使う。

35 中黒「・」は、同格の言葉を並べたり、判読しやすくするために使う

中黒を入れると、言葉の意味や関係が分かりやすくなる。

①21世紀における、日本韓国中国の新しい関係を模索する。
②社長古谷一太郎
③東京新宿
④入江谷平（いりえたにへい）
⑤-1：ジョンFケネディ
　-2：サーウィンストンチャーチル
⑥-1：オリンピックスタジアム
　-2：コーポレートガバナンス

①21世紀における、日本・韓国・中国の新しい関係を模索する。
②社長・古谷一太郎
③東京・新宿
④入江谷平（いりえ・たにへい）
⑤-1：ジョン・F・ケネディ
　-2：サー・ウィンストン・チャーチル
⑥-1：オリンピック・スタジアム
　-2：コーポレート・ガバナンス

ポイント

❶ 中黒（ナカグロ）とは、同格の言葉を並べたり、判読しやすくするために使う区切りの符号である。ナカテン、ナカポツなどと呼ぶこともある。使い方は、以下のとおり。

❷ 同格の言葉を並べるときに、中黒を入れる（よい例①）。
☞ 見やすくなる。
☞ 同格であることが、視覚的にもすぐ分かるようになる。
※「〜化」「〜性」「〜的」の表現を同格で並べるときは、「化」「性」「的」をすべてに付ける。
〈例〉×簡易・迅速化　個別・具体的に

○簡易化・迅速化　個別的・具体的に
❸肩書と名前の間に、入れる（よい例②）。
　☞読みやすくなる。
❹地名を、省略して表すときに使う（よい例③）。
❺名前の読みがなで、姓と名の間に入れる（よい例④）。
　☞読み誤りをなくす。
❻外国人（中国人や韓国人など漢字の場合を除く）の名と姓の間や「サー」などの敬称と姓名の間に入れる（よい例⑤）。
　☞読みやすくなる。
❼外来語が複合されたカタカナ表記では、その間に入れる（よい例⑥、詳しくは第Ⅳ章8項参照）。
　☞読み誤りをなくす。
　※1　すでに一般に広く使われ、かつ短い言葉の場合には、中黒は不要。
　　〈例〉ビジネスマン、デジタルカメラ
　※2　中黒を入れるべきかどうか迷ったときは、英和辞典を使って調べる。一語になっていない場合は、原則として中黒を入れる。

36 3点リーダ「…」は、言葉の省略や無言を表すときに使う

文のリズムや間を、とることができる。

例

①顧客の管理名簿は、50人、100人、150人……と、50人をひとまとまりとして保管してある。

②マスコミでは、ちょっとしたきっかけで大成功した人間を、一大ヒーローにまつりあげてしまう傾向が強い。そのため、「私も、ここでひとつ……」と安易な二番煎じを考える人が後を絶たない。

③「今回の談合事件の責任は、君に取ってもらうことにした。どうか、悪く思わないでほしい」
「……」
社長の突然の話に、彼は何も答えることができなかった。

ポイント

❶3点リーダは点3つからなり、文字1文字分のスペースを占める。通常、文章では3点リーダ2個を使う。表現を省略する場合に使用する（例①、②）。
☞分かりきったことを繰り返すと、くどくなる。
☞文を短くできる。
☞文の内容によっては、効果的な間を持たせることができる。

❷無言を表すときに使う（例③）。
☞この場合、「　」内に入れる。"……"とはしない。
※本文中に使うときに、文頭ではなるべく使わない。
☞意味を確かめるために、前の行を読み返さなくてはならないから。

37 ダーシ「―」は、まとめや問題を提起するときに使う

文を区切らずに、様々な効果を与えることができる。

例

①東京一極集中から地方分散へ――この動きは、歴史の必然ともいえる。
②はたして、これでよかったのか――。
③創立記念日に、12人の永年勤続者――男性7人、女性5人――が表彰された。

ポイント

❶ダーシは、まとめや問題を提起するときに2個続けて使う。使い方は、以下のとおり。
❷他の文と区別する場合に使う（例①）。
　※カギカッコでくくるほどでもない語句に使う。
❸余韻を持たせる場合に使う（例②）。
❹補助的な説明を付け加える場合に使う（例③）。

文中で項目を羅列して説明する場合、最後の項目の終わりにダーシ「──」を打つ

ダーシを使うことで、項目の終わりを示すことができ、読みやすくなる。

　　喫茶店の担当者の話し合いで、①ローズマリーを増やす②ミントを新しく出す③セージはやめるなどが決められた。

　　喫茶店の担当者の話し合いで、①ローズマリーを増やす②ミントを新しく出す③セージはやめる──などが決められた。

ポイント

❶羅列した最後の項目の終わりに、ダーシ「──」を打つ。
　☞ダーシがないと、最後の項目がどこで終わったか、分からなく、読みにくい（わるい例）。
❷ダーシの前には、句点を打たない。
❸ダーシで文が終わるときは、句点を打つ。
　〈例〉万事休すだ──。

39 ダーシや3点リーダは、2文字分使う

1文字分だけだと、見にくくなってしまう。

①現在の日本の2大都市—東京と大阪が、特に不景気のドン底にある。
②「入社以来38年、微力ながらも精いっぱい努力してまいりましたが…」。定年退職のその日、Aさんは部内の仲間を前にして、思わず言葉を詰まらせてしまった。

①現在の日本の2大都市——東京と大阪が、特に不景気のドン底にある。
②「入社以来38年、微力ながらも精いっぱい努力してまいりましたが……」。定年退職のその日、Aさんは部内の仲間を前にして、思わず言葉を詰まらせてしまった。

ポイント

❶ダーシや3点リーダは、2文字分の長さで使う。
☞見やすい。
☞ダーシの場合、横書きでは漢数字の「一」と紛らわしい。
☞3点リーダの場合、1文字分では余韻や不確実さが伝わりにくい。
☞2文字分の途中で、行末と行頭とに分かれないようにする。

カギカッコ「」の中は、二重カギカッコ『』を使う

カギカッコ内に使うほか、書名の表記にも用いる。

山田さんから『「合格おめでとう」と彼に伝えてください』と言われた。

山田さんから「『合格おめでとう』と彼に伝えてください」と言われた。

ポイント

❶カギカッコを使う順序は、「『』」である。
☞慣習である。

❷書名や作品名は『』を使う。
〈例〉『交響曲第9番』『吾輩は猫である』

| 第Ⅳ章 | もう迷わない！日本語表記の原則

41 丸カッコ（　）の中の細項目には、〈　〉を使う

（　）の中の（　）は、非常に読みにくい。

①-1：（ロッキード事件（丸紅ルート）判決）
　-2：（ロッキード事件《丸紅ルート》判決）
②-1：（抗ガン剤（アドリアマイシン））
　-2：（抗ガン剤《アドリアマイシン》）

①（ロッキード事件〈丸紅ルート〉判決）
②（抗ガン剤〈アドリアマイシン〉）

ポイント

❶（　）の中では、〈　〉を使う（よい例①②）。
☞見やすい。

❷（（　））とは、しない（わるい例①-1、②-1）。
☞同じ丸カッコを使うと、混乱する。

❸《（　）》とも、しない（わるい例①-2、②-2）。
☞見にくい。

2 強調したい語句には、カギカッコや傍点ルビなどを付ける

文字の周りを工夫して、読者の目を引かせる。

例

自己中心的な言動が多い彼は、社会における幼児だといえる。
　↓
①自己中心的な言動が多い彼は、社会における「幼児」だといえる。
②自己中心的な言動が多い彼は、社会における"幼児"だといえる。
③自己中心的な言動が多い彼は、社会における幼児だといえる。
　※・・・を傍点ルビという。
④自己中心的な言動が多い彼は、社会における幼児だといえる。
⑤自己中心的な言動が多い彼は、社会における**幼児**だといえる。

ポイント

❶強調したい語句は、カギカッコや" "でくくったり、傍点ルビやアンダーラインを付ける。
　☞視覚的に目立つ。
❷強調しようとして、付けすぎないこと。
　☞何を強調したいのか、かえって分からなくなる。
　☞読みづらくなる。

43 項目別に書く場合、見出し符号は「1、(1)、①」を主に使う

見出しの符号の使い方に、ルールを設けることで、項目を分かりやすく表記できる。

例

項目に分ける階層	使う見出し符号と使う順番
1段階の場合	(1)
2段階の場合	(1) → ①
3段階の場合	1 → (1) → ①
4段階の場合	1 → (1) → 1) → ①
5段階の場合	Ⅰ → 1 → (1) → 1) → ①
6段階の場合	Ⅰ → 1 → [1] → (1) → 1) → ①

ポイント

❶ 見出し符号には、大きく9種類ある。大きい項目に使う順序は、次のとおりである。
　Ⅰ → 1 → [1] → (1) → 1) → ① → i → a → ア
❷ 9種類のうち、通常の使い方は、上記の例の6段階。
❸ 大別、中別、小別と見出し符号によって分けることで、内容が分かりやすくなる。
❹ ただし、あまり細かく分けすぎると、かえって読みづらくなることもある。
　※1　縦書きの場合も、同様である。
　　Ⅰ → 一 → [一] → (1) → 一) → ㊀ → i → a → ア
　※2　この使い分けは、あくまで原則的な処理である。業界、会社、官庁の慣習や相手先の都合などによって変化させてもよい。

図を用いて、文章を分かりやすく、簡潔にする

文章だけでは説明が難しい場合、図を描くことで説明を助ける。

> **✕ わるい例**
>
> 　取引先などを接待する場合には、正しい席次を心得ておくことが大切である。特に、車に乗るときの正しい席次は案外知らない人が多いので、きちんとマスターしておきたい。
> 　まず、いちばんの上席は、運転手の真後ろの席だ。後部座席に3人座る場合は、中央の席が末席。また、助手席を使う場合は、3人のときも、4人のときも、助手席がいちばん末席となる。

> **○ よい例**
>
> 　取引先などを接待する場合には、正しい席次を心得ておくことが大切である。特に、車に乗るときの正しい席次は案外、知らない人が多いので、きちんとマスターしておきたい。
> 　図1の「乗用車の正しい席次」をよく見てほしい。いちばんの上席は、運転手の真後ろの席だ。後部座席に3人座る場合は、中央の席が末席。さらに、助手席を使うときは、3人のときも、4人のときも、助手席がいちばん末席となる。図中の数字は、上席順を示している。
>
>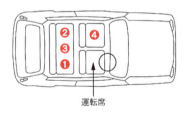
>
> 図1　乗用車の正しい席次

ポイント

❶文章だけでは理解しにくい内容の場合、図を使うと効果的である。

☞内容が視覚的に伝わり、読み手がたやすく理解できる。
☞文章だけの紙面に比べて柔らかい印象になり、読みやすくなる。
❷文章と図をきちんと対応させる。
☞対応していないと、かえって誤解を招く。
❸内容を正しく表した図にする。
☞あいまいな図では、正しい意味が伝わらない。
❹図の助けを借りながら、文章をより簡潔にする。
☞文章だけで表そうとすると長くなる内容も、図を使うことで、より簡潔に表現できる。

※必要以上に図を使いすぎると、かえって難しい印象を与えてしまうこともあるので注意する。

15 図表には、タイトルと説明文を付ける

適切なタイトルと説明で、より読者の理解を助けることができる。

新製品の売上高について集計したものが、下の図である。4月の発売直後は、テレビ・コマーシャルの効果もあって、売上高が急増した。しかし、売上高が1,000万円の大台に乗った5月以降は、横ばいが続いている。

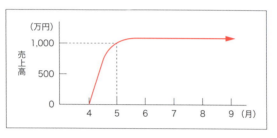

①新製品の売上高について、図14の「新製品の売上高」で説明する。

②
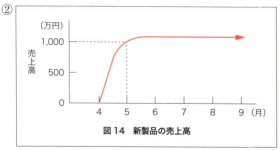
図14 新製品の売上高

③4月の発売直後は、テレビ・コマーシャルの効果もあって、売上高が急増した。しかし、売上高が1,000万円の大台に乗った5月以降は、横ばいが続いている。

| 第Ⅳ章 | もう迷わない！日本語表記の原則

> **ポイント**

❶報告書やリポートなどでは、文章の中に、図やカットを入れて見て、分かるようにする。図で説明する場合の手順は、次のとおり。

❷導入文を書く（よい例①）。
　☞何についての説明かが、ハッキリする。

❸図表を書く。

❹番号とタイトルを、図の場合は「下」、表の場合は「上」に入れる。
　☞番号を入れないと、該当の図を間違えることがある。
　☞「下の図」「上の図」では分かりづらい。

❻説明文（キャプション）を、図の場合は「下」、表の場合は「上」に書く。
　☞具体的な内容が、伝わる。
　※図の説明のしかたは、次の46項を参照のこと。

❼図と説明文とが離れている場合は、説明文中に該当のページ数を入れる。
　☞読み手が、迷うことなく参照できる。

16 グラフの変化は、時間などの流れに沿って具体的に説明する

グラフの説明は、時系列に沿って客観的に書く。

×わるい例

図を見て分かるとおり、4月に発売した新製品Aは、当初はよかったが、それも数カ月であった。今後は新しい製品の開発が望まれる。

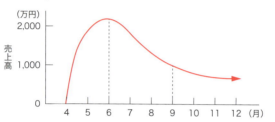

〇よい例

4月に発売した新製品Aは、ヒット商品となった。新聞、雑誌やテレビCMなどの広告のおかげで、発売と同時に完売。5月、6月はその勢いを保っていた。

しかし、他社が類似製品を発売した7月ごろから売上高が下降し始めた。そして、9月には、6月のおよそ半分の売上高となった。さらに10月以降は、まったくの頭打ちの状態である。

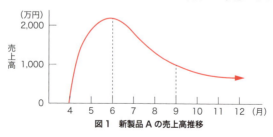

図1　新製品Aの売上高推移

ポイント

❶感覚的な表現は避け、具体的な数字を用いて説明する。

第 V 章

いまさら聞けない！日本語文法

1 「は」と「が」を、使い分ける

「は」は主語の係りを表し、「が」は主格を表すときに使う。

> **×わるい例**
> ①彼女が、素敵な女性である。
> ②一郎君は、頑張ったおかげです。

> **○よい例**
> ①彼女は、素敵な女性である。
> ②一郎君が、頑張ったおかげです。

ポイント

❶「は」と「が」は、ともに主語を表す助詞だが、きちんと使い分ける。

❷「は」は主語の係りを表す係助詞であり、「が」は主格を表す格助詞である。
※係助詞は、係りに用いる助詞。格助詞は、主として体言に付き、その体言と他の語との格関係を表す助詞。

❸よい例①では、主語（彼女）が続く部分の内容、つまり、「素敵な女性であること」に重点が置かれている。

❹よい例②では、主語そのものに重点が置かれている。つまり、「多くのほかの人」ではなく、「一郎君が」ということを表している。
※「では」は、多くの中から、特に取り出して示す場合に使う。
〈例〉多くの支店の売上が伸び悩む中で、京都支店では、前年比120％の売上を達成した。

❺「は」は既知の情報を示す場合に使い、「が」は未知の情報を示す場合に使う。

2 「に」と「へ」を、使い分ける

「に」は対象や到達点を示し、「へ」は方向を示す。

例

①彼女は、明日、東京に行く。
（「に」とした場合には、京都でも、大阪でもなくて、東京に行くという意味）
②彼女は、明日、関東方面へ移動する。
（「へ」とした場合には、「〜のほうに」という方向性を示す）

ポイント

❶ある場所を表すのに、その地点や位置を問題にする場合は「に」を使い、方向を問題にする場合は「へ」を使う。
※「彼女は、明日、東京へ行く」という表現では、東京のある地点を限定しているのではなく、やや漠然とした意味になる。

3 「より」と「から」を、使い分ける

「より」は「比較」を示し、「から」は「時・場所・人の起点」を示す。

彼より、あなたが好きという手紙が来た。

彼から、あなたが好きという手紙が来た。

ポイント

❶「より」は、比較を示す場合に使う。起点を示す場合には使わない。
☞「より」を起点の意味に使うと、誤解を招くことがある。
❷わるい例では、「彼よりあなた（男性）が好きという手紙が、（彼女から）来た」、つまり、「彼とあなた（男性）を比較して、彼女はあなたのほうが好きである」という意味に誤解されかねない。
❸時・場所・人の起点を示す場合は、「より」ではなく「から」を使う。
❹「より」は"than"の意味、「から」は"from"の意味である。

4 「の」を、あいまいに使わない

所有を表す「の」は、できるだけ言い換える。

×わるい例
① ライバル社の発売した新製品は、売れ行きが非常に好調だという。
② ぜひとも、弊社の本をお読みください。

○よい例
① ライバル社が発売した新製品は、売れ行きが非常に好調だという。
② -1：ぜひとも、弊社についての本をお読みください。
　 -2：ぜひとも、弊社が所有している本をお読みください。
　 -3：ぜひとも、弊社が発行した本をお読みください。

ポイント

❶「の」は、さまざまな意味を持つ。文の意味を明確にするために、あいまいな使い方をしない。

❷「所有」を表す「の」以外は、他の語句に置き換える。
　☞文の意味を、ハッキリさせるため。

5 「で」を、あいまいに使わない

「で」は、他の言葉に置き換えたほうが、分かりやすい場合もある。

①これは今までにない画期的なソフトでとても使いやすい機能を備えている。
②病院で勧めるクスリを、しばらく飲んでみることにした。

①これは今までにない画期的なソフトであり、とても使いやすい機能を備えている。
②病院が勧めるクスリを、しばらく飲んでみることにした。

ポイント

❶「で」は、さまざまな意味を持つため、あいまいな使い方をしない。
❷上記のわるい例①の「で」は、助動詞「だ」の連用形であり、「ソフトであり」と言い換えたほうが意味は正確に伝わる。
❸よい例②のように、主体を表す「で」は、「が」に書き換える。
　☞文の意味を、ハッキリさせる。

6 接続助詞の「が」を、使いすぎない

「〜が、〜」という表現は多用せず、逆接の場合のみ使う。

> **わるい例**
> ①大方のエコノミストの予想を上回る勢いで円高が進んでいるが、1ドル100円となる可能性も出てきたが、そうなると多くの中小企業で倒産が起こる心配がある。
> ②ハワイでのゴルフ三昧のゴールデンウィークを終えて帰国したのだが、久しぶりに会社へ行ったが、仕事がなかなかはかどらなかった。

> **よい例**
> ①大方のエコノミストの予想を上回る勢いで、円高が進んでいる。1ドル100円となると、多くの中小企業で倒産が起こる心配がある。
> ②ハワイでのゴルフ三昧のゴールデンウィークを終えて、久しぶりに会社へ行った。しかし、仕事がなかなかはかどらなかった。

ポイント

❶接続助詞の「〜が、〜」を使いすぎないようにする。
　☞文が長くなりがちで、内容が分かりにくくなる。
❷2つの文に、分けられないかを考える。
　☞「〜が、」の部分で、文を切るとよい。
　☞2つの内容を、1文で表現するのはよくないから。

7 「〜など」を使う場合は、2つ以上の例を挙げる

複数の例を挙げることで、伝えたいことのイメージを明確にできる。

うどんなどの、めん類が好きです。

うどんやラーメンなどの、めん類が好きです。

ポイント

❶「〜など」を使う場合は、2つ以上の例を挙げる。
　☞読み手が、例で示す全体像を推定できる。
　☞1つの例を挙げただけでは、全体のイメージがつかみにくい。
　※「等」は、通常は「など」とひらがなで表記する。

| 第Ⅴ章 | いまさら聞けない！日本語文法

8 性質に関する1例を挙げる場合に、「など」は使わない

例を挙げる場合は、「〜のように」を使う。

①カモシカ**などのように**、彼は足が速い。
②Ａ君**などのように**、〜。

①カモシカ**のように**、彼は足が速い。
②Ａ君**のように**、〜。

ポイント

❶ 物事や人物の性質を表す場合に、「〜などのように」とはしない。
　☞この場合の「など」には、まったく意味がないから。
　※新聞紙上では、１つの例の場合でも「〜など」と使うことがある。これは、単なる慣習である。避けたい。
　また、「容疑者は、『私は、やっていない』などと言い張っている」のように、含みをもたせるときに使うこともある。
　※小説や随筆などで、柔らかい雰囲気を出したいときには、使ってもよい。

9 「〜など」「〜ほか」「〜ら」は、人と物とで、それぞれ使い分ける

「〜など」「〜ほか」は人と物、両方に、「〜ら」は人にのみ使う。

例

「〜など」 人：AさんやBさんなど数人がいた。
　　　　　物：機械や部品などが運ばれた。
「〜ほか」 人：AさんやBさんほか数人がいた。
　　　　　物：機械や部品ほかが運ばれた。
「〜ら」　 人：AさんやBさんら数人がいた。

ポイント

❶「〜など」は、人にも物にも使える。
❷「〜ほか」は、人にも物にも使える。
❸「〜ら」は、物には使わない。

10 選択の接続詞は、「または」を使う

「ないし」「あるいは」などの接続詞を使うと、文語調になってしまう。

例

① 10万円以上の物品を購入する場合は、課長または部長の決裁が必要だ。
② 家から駅まで歩いて行くか、または自転車に乗るかは、その日の天気による。
③ 帽子の色は、黄色、水色、または緑色の中から選んでください。

ポイント

❶ 2つ以上の語句の中からどれかを選ぶという場合は、「または」を使う。

❷「ないし」を使っても間違いではないが、古い感じがするので、できるだけ使わない。「あるいは」も文語調なので、なるべく使わない。
　※「ないし」「および」「または」を、法律の条文などの専門的な用法として使う場合は、特別な意味がある。

❸ 3つ以上の語句の中から選択する場合は、最後の語句を「または」で結び、その前に読点を打つ（例③）。
　☞ 読点を打たないと、3つ以上の語句のそれぞれが並列にならないから。
　「黄色、水色または緑色」と書くと、「黄色に加えて、水色と緑色のどちらか」という意味にも解釈できる。
　※名詞を結ぶ場合は、「か」を使ってもよい。
　〈例〉課長か部長の決裁

1 並列につなぐ場合は、「と」または「および」を使う

同等の関係であることが、はっきりする。

例

① -1：日本人の死亡原因の推移を見ると、ガンと心臓疾患が増えている。
　-2：日本人の死亡原因の推移を見ると、ガンおよび心臓疾患が増えている。
② -1：国内の本店、支店と海外支店のすべてが業績好調である。
　-2：国内の本店、支店、および海外支店のすべてが業績好調である。

ポイント

❶ 複数の語句を並列につなぐ場合は、「と」または「および」を使う。
　☞ほぼ、同じ意味である。ただし、「および」は漢文調なのでなるべく使わない。
❷ 3つ以上の語句を「と」を使って並列につなぐ場合、最後の語句の前に「と」を使い、「と」の前に読点を打たない（例②-1）。
❸ 3つ以上の語句を「および」を使って並列につなぐ場合は、最後の語句の前にだけ「および」を使い、「および」の前に読点を打つ（例②-2）。
　☞「および」の前に読点を打たないと、「および」の前後の結びつきが強くなり、3つの語句が同等でなくなる。
　【例外】並列した語句の最後に、「など」や「その他」を付けるときは、「および」は使わない。
　　〈例〉東京、神奈川、埼玉や千葉などの首都圏の地価が値下がりしている。
　　　　東京、神奈川、埼玉、千葉、その他の首都圏の地価が値下がりしている。

| 第Ⅴ章 | いまさら聞けない！日本語文法

12 「と」「や」「および」などは、最後の語句の前に置く

最後の語句の前に置くと、関係が明確になる。

①一郎と太郎、次郎は、高校時代の同級生である。
②色や形、味は、青森のリンゴがいちばんである。
④ AおよびB、Cは、～。

①一郎、太郎と次郎は、高校時代の同級生である。
②色、形や味は、青森のリンゴがいちばんである。
③ A、B、およびCは、～。

ポイント

❶「と」「や」「および」などは、併記する最後の語句の前に置く。
☞いちばん、分かりやすい。外国語もそのような用法が、多い。
❷「と」「や」「および」は、ほぼ同じ意味である。使い分けは、習慣的な感覚による。声に出して読んでみて、しっくりくるものを選ぶ。
※併記する語句がまったく同格なら、中黒（・）を使ってもよい（第Ⅳ章35項参照）。

3 送り仮名は、7つの法則（通則）に従って付ける

送り仮名には、国により定められた通則がある。

ポイント

❶送り仮名の付け方は、1973年（昭和48年）6月に内閣告示、1981年（昭和56年）10月に一部改正された「送り仮名の付け方」の7つの通則に従う。

※以下の記述は、すべて「送り仮名の付け方」に則っている。

❷通則とは、単独の語と複合の語の別、活用のある語と活用のない語の別などに応じて考えた、送り仮名の付け方に関する基本的な法則のことである。

❸7つの通則とは、次のとおり。

(A) 単独の語
  ①活用のある語
    （通則1）活用語尾を送るもの
    （通則2）活用語尾以外の部分から送るもの
  ②活用のない語
    （通則3）送り仮名を付けない名詞
    （通則4）送り仮名を付ける名詞
         〈活用のある語から転じた名詞〉
    （通則5）副詞・連体詞・接続詞
(B) 複合の語
    （通則6）単独の語の送り仮名の付け方による語
    （通則7）慣用によって送りがなを付けない語

❹各通則は、本則のほか、例外、許容、注意の4つの部分から成り立っている。

※1 各通則について、次項以降で詳しく説明する。
※2 「仮名」は、一般的に「かな」と表記されることが多い。

14 活用のある語は、活用語尾を送る(通則1)

例

憤る、読む、生きる、助ける、潔い
(例フォーマット終わり)

ポイント

❶活用のある語は、活用語尾を送る。
【例外】
(1) 語幹が「し」で終わる形容詞は、「し」から送る。
　〈例〉親しい、美しい、珍しい
(2) 活用語尾の前に「か」「やか」「らか」を含む形容動詞は、その音節から送る。
　〈例〉①暖かだ
　　　　②緩やかだ、穏やかだ
　　　　③明らかだ、柔らかだ
(3) 次の語は、以下のように送る。
　〈例〉①教わる、異なる、和らぐ
　　　　②明るい、大きい
　　　　③平らだ、哀れだ
【許容】
次の語は、( )の中に示すように、活用語尾の前の音節から送ることができる。
　表す(表わす)、現れる(現われる)、著す(著わす)、行う(行なう)、断る(断わる)、賜る(賜わる)

5 活用語尾以外の部分に他の語を含む語は、含まれている語の送りがなの付け方によって送る（通則2）

例

①動詞の活用形、またはそれに準ずるものを含むもの
騒がす（騒ぐ）、輝かしい（輝く）、頼もしい（頼む）
②形容詞・形容動詞の語幹を含むもの
悲しむ（悲しい）、柔らかい（柔らかだ）
③名詞を含むもの
先んずる（先）、後ろめたい（後）

ポイント

❶活用語尾以外の部分に他の語を含む語は、含まれている語の送りがなの付け方によって送る。

【許容】
読み間違えるおそれのない場合は、活用語尾以外の部分について、次の（　）の中に示すように、送りがなを省くことができる。

　〈例〉浮かぶ（浮ぶ）、生まれる（生れる）、聞こえる（聞える）、終わる（終る）、積もる（積る）

16 名詞には、原則として送りがなを付けない（通則3）

例

山、川、空、海、何、彼、話

ポイント

❶名詞には、原則として送りがなを付けない。
　【例外】
　　①次の語は、最後の音節を送る。
　　　〈例〉辺り、哀れ、独り、情け、誉れ
　　②数を数える「つ」を含む名詞は、その「つ」を送る。
　　　〈例〉1つ、2つ、幾つ
❷動詞には、送りがなを付ける。
　〈例〉話す

7 活用のある語から転じた名詞には、元の語の送りがなの付け方によって送る（通則4）

> ポイント

❶ 活用のある語から転じた名詞には、元の語の送りがなの付け方によって送る。

〈例〉①活用のある語から転じたもの
　　　　　動き、調べ、晴れ、当たり、憩い、香り　など
　　　②「さ」「み」「げ」などの接続語が付いて名詞になったもの
　　　　　寒さ、確かさ、憎しみ、惜しげ　など

【例外】
次のような語には、送りがなを付けない。
　〈例〉謡、趣、煙、話、組　など

【許容】
読み間違えるおそれのない場合は、次の（　）の中に示すように、送りがなを省くことができる。
　〈例〉曇り（曇）、届け（届）、当たり（当り）、答え（答）、祭り（祭）、群れ（群）

18 副詞・連体詞・接続詞は、最後の音節を送る（通則5）

例

必ず、既に、再び、全く、最も、去る
（例フォーマット終わり）

ポイント

❶副詞・連体詞・接続詞は、最後の音節を送る。
【例外】
①次の語は、以下に示すように送る。
〈例〉明くる、大いに、直ちに、若しくは
〈注〉ただし、「若しくは」は、通常「もしくは」と表記する。
②次のように、他の語を含む語は、含まれている語の送りがなの付け方によって送る。
〈例〉例えば（例える）、絶えず（絶える）、辛うじて（辛い）、少なくとも（少ない）

9 複合の語の送りがなは、その複合の語を書き表す漢字の、単独の語の送りがなの付け方による（通則6）

例

①活用のある語
　流れ出る、申し込む、組み合わせる、心細い、待ち遠しい
②活用のない語
　生き物、入り江、売り上げ、乗り降り、教え子

ポイント

❶複合の語の送りがなは、その複合の語を書き表す漢字の、単独の語の送りがなの付け方による。

【許容】
読み間違えるおそれのない場合は、次の（　）の中に示すように、送りがなを省くことができる。
　〈例〉申し込む（申込む）、組み合わせる（組み合せる・組合せる）、
　　　待ち遠しい（待遠しい）、入り江（入江）、売り上げ（売上げ・売上）

20 複合の語のうち、慣用的に送りがなを付けないものがある(通則7)

> **ポイント**

❶複合の語のうち、次のような名詞には、慣用的に送りがなを付けない。
　①特定の領域の語で、慣用が固定していると認められるもの
　　（Ⅰ）地位・身分・役職などの名
　　　〈例〉関取、頭取、取締役
　　（Ⅱ）工芸品の名に用いられた「織」「染」「塗」「彫」「焼」など
　　　〈例〉博多織、型絵染、輪島塗、鎌倉彫、備前焼
　　（Ⅲ）その他
　　　〈例〉書留、消印、小包、切符、請負、割引、組合、手当、売上、
　　　　　小売、見積、待合、申込書、受取書
　②一般に、慣用が固定していると認められるもの
　　〈例〉献立、日付、合図、立場、受付、仕立屋

1 「じ」と「ぢ」、「ず」と「づ」を正しく使い分ける

例

ちぢみ（縮み）、ちぢこまる、
つづく（続く）、つづみ（鼓）、つづる（綴る）

ポイント

❶上記の例のように、同音の連呼によって濁音が生じたときは、「ぢ」「づ」を使う。

❷ちじみ、ちじこまる、つずく、つずみ、つずる——などとは表記しない。

❸はなじ、そこじから、いれじえ、まじか、みかずき、たずな、にいずま——などとは表記しない。

❹「はなぢ」＝「はな」＋「ち（血）」と分解して考えると、よく分かる。

【例外】

なお、語源上は2語の複合によって「ち・つ」が濁るときでも、意味を理解するうえで、2語に分解しにくいものは、「じ」「ず」と書くことを基本とする。

〈例〉世界中（せかいじゅう）
　　　稲妻（いなずま）

| 第Ⅴ章 | いまさら聞けない！日本語文法

22 「ら抜き言葉」は、使わない

「ら抜き言葉」は、文法的に誤りである。

①こんなにたくさんは、食べれない。
②朝5時に、来れますか。

①こんなにたくさんは、食べられない。
②朝5時に、来られますか。

> ポイント

❶可能の意味の「食べられる」「来られる」などを、「食べれる」「来れる」などと「ら」を抜いて書いてはいけない。
☞文法的に誤りだから。
※「ら」を抜く「ら抜き言葉」をもっぱら「可能」の意味に使い、受身・自発・尊敬の「られる」と区別するのが合理的だとする考え方もある。しかし、現段階においては、書き言葉では「ら抜き言葉」を使わない。文法的に正しい表現をすべきである。

3 尊敬語と謙譲語を、正しく使い分ける

尊敬語は、目上の人を敬うときに使い、謙譲語は、自分をへりくだるときに使う。

×わるい例
①新鮮なイチゴをお送りいたします。お早めにいただいてください。
②ご不明な点は、案内係にうかがってください。
③サンプルをご希望の方がおられましたら、ご連絡ください。
④弊社の会長に、一度お目にかかっていただきたいと存じます。
⑤山田雄三先生は、当研究所の佐藤太郎教授の後輩だと申されていました。

○よい例
①新鮮なイチゴをお送りいたします。お早めに召し上がってください。
②ご不明な点は、案内係にお聞きになって(お尋ねになって)ください。
③サンプルをご希望の方がいらっしゃいましたら(おいでになりましたら)、ご連絡ください。
④弊社の会長に、一度お会いになっていただきたいと存じます。
⑤山田雄三先生は、当研究所の佐藤太郎教授の後輩だとおっしゃっていました。

ポイント

❶尊敬語と謙譲語を正しく使い分ける。
　☞間違えると大変、失礼になる。
❷わるい例①の「いただく」は、「食べる(飲む)」「もらう」の謙譲語。「食べる(飲む)」の尊敬語としては、「召し上がる」を使う。
❸わるい例②の「うかがう」は、「聞く」「行く」「来る」の謙譲語。「聞く」の尊敬語としては、「お聞きになる」を使う。
❹わるい例③の「おる」は、「いる」「している」の謙譲語。「られる」を付けても、尊敬語にはならない「いる」の尊敬語としては、「おいでに

なる」「いらっしゃる」を使う。
❺わるい例④の「お目にかかる」は謙譲語。外部の人の行為に対して謙譲語を使うのは間違い。身内の人間が自分より目上であっても、外部の人に伝えるときは、外部の人に敬意を表した表現を使う。
❻わるい例⑤の「申す」は謙譲語。山田雄三先生が佐藤太郎教授の目下の人であっても、外部の人なので尊敬語を使う。「申す」に「れる」を付けても尊敬語にはならない。
❼間違えやすい尊敬語と謙譲語には、次のようなものがある。

	尊敬語	謙譲語
与える	くださる	差し上げる
言う	おっしゃる	申す
行く	いらっしゃる	参る、うかがう
いる	いらっしゃる	おる
	おいでになる	
聞く	お聞きになる	うかがう
来る	お越しになる	参る、うかがう
	お見えになる	
	いらっしゃる	
食べる	召し上がる	いただく
見る	ご覧になる	拝見する

205

4 二重敬語は、使わない

文がくどく、こびへつらった印象になるからである。

①時節柄、お風邪などお召しになられませんよう、くれぐれもご自愛ください。
②過日の打合せで、大田様がおっしゃられた件について、詳しくうかがいたいと思います。

①時節柄、お風邪などお召しになりませんよう、くれぐれもご自愛ください。
②過日の打合せで、大田様がおっしゃった件について、詳しくうかがいたいと思います。

ポイント

❶二重敬語は、使わない。
☞くどくなる。"へいへい"する印象になり、みすぼらしい。
❷敬語は、1つで十分に敬意を表したことになる。
☞お召しになる=「(風邪などに)かかる」の尊敬語
☞おっしゃる=「話す」の尊敬語

| 第Ⅴ章 | いまさら聞けない！日本語文法

25 敬称を、重複して付けない

敬称が重複すると、くどくて、貧弱な印象になる。

①いろは建設　中山次郎社長様
②関係各位殿

①-1：いろは建設　中山次郎社長
　-2：いろは建設　社長　中山次郎様
②関係各位

ポイント

❶肩書も敬称であり、「様」「殿」を付けない。
　☞くどくなる。こびへつらった印象になる。
❷よく使う敬称には、次のようなものがある。
　様……目上、目下のいずれにも使う。
　殿……「様」より敬意が軽い（目上には使わない）。
　　※最近は、「殿」をあまり使わない。代わりに「様」を使う。
　各位……「皆様」の意。「各位様」「各位殿」は間違い。
　先生……尊敬する人に使う。
　大兄……男性の先輩・同僚に使う。
　学兄……男性の先輩・同僚に使う。
　学姉……女性の先輩・同僚に使う。（スクール東京の造語である）
　御中……会社や官公庁など、組織に対して使う。

26 副詞を、正しく受ける

副詞には、正しい語尾をつける。

×わるい例

①どんな場合でも、決して副詞の使い方を理解してください。
②社長の判断は全然、間違っていると、社員全員が感じた。
③昨日の台風による集中豪雨は、まるでバケツをひっくり返したひどさだった。
④もし、この新商品の開発に成功してください。そうすれば、何とか会社も持ち直すでしょう。
⑤何事も時間さえかければ成功するなどとは、ゆめゆめ思ってもよい。

○よい例

①どんな場合でも、決して副詞の使い方を間違えないようにしてください。
②社長の判断は全然、間違っていないと、社員全員が感じた。
③昨日の台風による集中豪雨は、まるでバケツをひっくり返したようなひどさだった。
④もし、この新商品の開発に成功すれば、何とか会社も持ち直すでしょう。
⑤何事も時間さえかければ成功するなどとは、ゆめゆめ思ってはいけない。

ポイント

❶副詞や副詞句によっては、受け方が決まっているものがあるので、間違えないようにする。
☞間違った受け方では、文章の意味が通じなくなってしまう。

❷副詞や副詞句の使い方の例は、次のとおりである。
〈例〉
①決して〜ない（否定）
②全然〜ない（否定）
〈注〉「全然〜である」を使う人がいるが、この使い方は誤りである。

③まるで〜のような(比喩)
④もし〜なら／〜すれば／〜のときは(仮定)
⑤ゆめゆめ〜ない(否定)

よく似た語句、語彙の中で、最もピントの合ったものを使う

単語のニュアンスを吟味して、適切な表現をする。

①彼の利点は、いつも明るいことである。
②彼女の、ゴルフの進歩が早い。

①彼の長所は、いつも明るいことである。
②彼女の、ゴルフの上達が早い。

ポイント

❶その文章にはどんな言葉がいちばん適しているかを、常に考えて使う。
 ☞わるい例①の「利点」は有利な点、よい例①の「長所」は優れている点を意味する。
 ☞わるい例②の「進歩」は次第によい方に進むこと、よい例②の「上達」は技術が進んでうまくなることを意味する。
※1 日頃から辞書を引く習慣をつけ、いろいろな言葉の意味を知っておく。
※2 『類語辞典』も参考にする。

| 第Ⅴ章 | いまさら聞けない！日本語文法

28 紛らわしい用語は、なるべく他の表現に置き換える

「〜をはじめ」「〜ほか」「〜や」などは、誤読を招くので、あまり使わない。

①-1：彼女は、英語をはじめ5カ国語を話すことができる。
 -2：彼女は、英語ほか4カ国語を話すことができる。
②これは、金やプラチナを使って加工するとよい。

①-1：彼女は、英語とフランス語など、5カ国語を話すことができる。
 -2：彼女は、英語やフランス語など、5カ国語を話すことができる。
②-1：これは、金とプラチナを使って加工するとよい。
 -2：これは、金またはプラチナを使って加工するとよい。

ポイント

❶「〜をはじめ」では「〜」で示した内容を含むが、「〜ほか」では含まない。

❷「〜をはじめ」「〜ほか」は、なるべく使わない。
　☞誤解されやすい。

❸接続助詞の「や」は、「と」と「または」の両方の意味に取れるので、表現があいまいになりやすい。

※上記のよい例①-2の場合は、「や」を使っても5種類の外国語という限定があるので、意味を間違えることがない。

29 自分が誤りやすい表記を、知っておく

よく間違える言葉は、あらかじめチェック表を作っておく。

×わるい例
① 相入れない
② 相待って
③ 圧到的に
④ 異句同音
⑤ いさぎ良い
⑥ 一早く
⑦ 意味慎重
⑧ 〜の恐れがある
⑨ 落ち入る
⑩ 完壁
⑪ 事さら
⑫ 五里夢中
⑬ 絶対絶命
⑭ 専問家
⑮ 単的に
⑯ 〜と言えども
⑰ 基ずく
⑱ 〜のとうり

○よい例
① 相いれない(相容れない)
② 相まって(相俟って)
③ 圧倒的に
④ 異口同音
⑤ 潔い
⑥ いち早く(逸早く)
⑦ 意味深長
⑧ 〜のおそれがある
⑨ 陥る
⑩ 完璧
⑪ ことさら(殊更)
⑫ 五里霧中
⑬ 絶体絶命
⑭ 専門家
⑮ 端的に
⑯ 〜といえども(〜と雖も)
⑰ 基づく
⑱ 〜のとおり

ポイント

❶ 自分がいつも間違える漢字は、チェック表を作って、折に触れて見返す。

❷ 特に、一見、意味が通っているように思えてしまう表記には注意する。
☞ 一度なまはんかに書いてしまうと、長い間、間違いに気づかないため。

※わるい例⑧の「〜恐れがある」は、出版・新聞・テレビなどでもよく誤用されている。虞(おそれ)の意味であり、正しく使うべきである。

30 同音異義語・同訓異字の間違いに、注意する

同音・同訓の漢字は、間違いやすいので特に注意する。

例

①一読に値(あたい)(×価)する詩集
②熱(あつ)め(×厚め・暑め)のお湯につかるのが好きだ。
③意外(いがい)な(×以外)な結末に驚いた。
④衛星(えいせい)(×衛生)放送を見る。
⑤３年ぶりに定価を改定(かいてい)(×改訂)した。
⑥アンケートの回答(かいとう)(×解答)者にお礼の品を送った。
⑦共同(きょうどう)(×協同)作業を進めた。
⑧減価(げんか)(×原価)償却について勉強する。
⑨責任を追及(ついきゅう)(×追求)する。
⑩指示・命令は、的確(てきかく)(×適格)にしなければならない。
⑪責任を転嫁(てんか)(×転化)してはならない。
⑫内向(ないこう)(×内攻)的な性格を直したい。
⑬野生(やせい)(×野性)動物のたくましさ
⑭「異議(いぎ)(×意義)あり」

ポイント

❶こまめに辞書を引き、同音異義語や同訓異字の誤りをなくす。
☞よく似た熟語は、間違えやすい。
❷間違えやすい同音・同訓の熟語を、自分なりに整理しておく。チェック表にすると、効果的である。
☞間違いを減らすことができる。
❸パソコンを使うと、同音異義語や同訓異字の、いわゆる「変換ミス」が起こりやすくなる。変換された文字に間違いがないかどうか、十分に注意する。
☞パソコンで入力したものは、間違いに気づきにくい。

31 略字、俗字や当て字は使わない

自分勝手な用法をすると、読み手が戸惑ってしまう。

① 午后
② 60 才
③ 卆業
④ 次才に
⑤ 奌
⑥ 斗争
⑦ 日旺
⑧ 年令
⑨ 冘法

① 午後
② 60 歳
③ 卒業
④ 次第に
⑤ 点
⑥ 闘争
⑦ 日曜
⑧ 年齢
⑨ 憲法

ポイント

❶ 略字、俗字や当て字は使わない。
  ☞ 常に正しい字を書く姿勢が、よい文章につながる。
❷ 同じ漢字が２つ重なった熟語には、繰り返し符号「々」を使う。ただし、「々」が行頭にきた場合は、同じ漢字を繰り返す。
  ☞ 読み誤りを、なくすため。

|第Ⅴ章|いまさら聞けない！日本語文法

32 誤字を訂正するときは、前後の文章中に同じ誤りがないかを読み返してチェックする

このチェックができると、文章の上達を自覚できる。

わるい例

　最近の若者の特微として、「無気力」と「無関心」とが挙げられる。この２つが、若者の特微だというのは、さびしい限りである。というのも、気力が充実していて、好奇心が旺盛なことが、本来、若者らしい特微だと思うからだ。
　　　　徴

○よい例

　最近の若者の特微として、「無気力」と「無関心」とが挙げられる。この２つが、若者の特微だというのは、さびしい限りである。というのも、気力が充実していて、好奇心が旺盛なことが、本来、若者らしい特微だと思うからだ。
　　　　徴
　　　　徴
　　　　徴

ポイント

❶誤字の訂正には、二重線を使う。
❷縦書きでも、横書きでも同じ。
❸修正液は使ってはいけない。
　☞改ざんしたと疑われるから。
❹１カ所の誤字に気づいて訂正するとき、同じ文章の中に、同じ誤字が他にもないかどうかを、すぐにチェックする。
　☞前後の文章の中で、同じ誤りをしていることが非常に多い。

付録

美しく見える書き方
数量の数え方（助数詞）
敬語の基礎知識
メールの書き方
スクール東京式　原稿チェックの方法

美しく見える書き方

1 用紙

(1) 罫線のある用紙に書く場合

❶文字の位置は、横書きの場合は、文字の下端を罫線に付け、縦書きの場合は罫線の間のセンターに揃える。
❷文字の大きさは、漢字は罫線の幅の7割、かなはその半分で揃える。

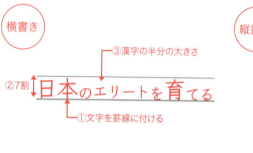

❸語句や単語の途中で改行しない。
❹文頭を揃える。

(2) 真っ白な用紙に書く場合

❶両手で紙をはさみ、紙の裏表を確認して表に書く。表はすべり、裏は手の平について動く。裏に書くと、万年筆の場合、にじむことがあるため。
❷ものさし、定規を罫線のかわりに置くときれいに書ける。

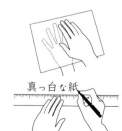

真っ白な紙

❸与えられた紙面の8割ぐらいまで書き込む。
❹文頭を揃える。
❺B4判の紙など、大きな紙の場合には、2つに折ってセンターを決め、左半分が埋まったら、右半分に移るようにする。横書きの1行が長すぎると読みづらいから。

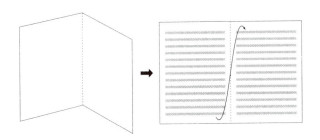

2 筆記用具

(1) 万年筆、ボールペンとえんぴつ

　筆記用具の指定がない場合は、提出書類、ハガキや手紙などでは万年筆を使用すると間違いない。複写式の書類は、ボールペンがよい。えんぴつ書きは、メモや日記など私的な場合のみ用いる。

(2) 手書きとパソコン

　パソコンの普及によって、手書きの文章が少なくなった。しかし、お願いごとやお詫びなど、思いを伝えたい文章は、なるべく手書きにしたほうがよい。一文一文から心が相手に伝わるからである。ていねいに書けば、ヘタな字でも気持ちは伝わるものだ。

3 縦書きと横書き

　一般的に、横書きは日本人には読みにくいとされてきた。しかし最近は、パソコン本、教科書やテキストなど、徐々に横書きが増えてきている。個人で書く場合は、その文章を読む人の立場に立って考えるのがよい。私の経験からいえば、年齢が40歳以上の人に向けて書くのであれば縦書き、それ以下であればどちらでもよいといえる。

数量の数え方
（助数詞）

　物の数量を数える言葉（助数詞）の使い方は、意外に難しい。迷った場合には、以下の一覧を参考にしてほしい。これは、『記者ハンドブック 第13版 新聞用字用語集』（共同通信社／2016年）の大要をもとに、若干の手を加えたものである。

1. 人

人は「人」で数える。「名」はなるべく使わない。
　〈例〉1人死亡、3人が重傷／5人委員会／300人が集合

2. 動物・植物

❶動物は、「匹」で数えるのを原則とする。ただし、鳥類は「羽」で数え、大型の獣類は、「頭」で数えることもある。魚類を数える「尾」は、なるべく使わない。
　〈例〉99匹のヒツジ／大ダイ1匹／スズメ3羽／
　　　数十頭のゾウの群れ／乳牛5頭

❷助数詞の選択に迷う場合、また種類の異なる動物を一括して数える場合には「匹」を使う。
　〈例〉牛、豚など家畜数匹／鳥獣100匹を捕獲

❸花は、「輪（りん）」で数える。
　〈例〉バラの花3輪

3. 物品・物体

❶物品・物体は「個」で数えるのを原則とする。
　〈例〉庭石3個／茶わん5個／10個のリンゴ

❷助数詞の選択に迷う物品・物体は、原則として「個」で数える。
　〈例〉めがね、たばこケース各1個／数百個の大腸菌

❸きわめて小型の物品・物体は「粒（つぶ）」を使ってもよい。
〈例〉 1粒のムギ／真珠5粒／丸薬（がんやく）20粒

❹形の長い物品・物体は、「本」で数えるのを原則とする。
〈例〉 腰ヒモ1本／ネクタイ3本／8本の立ち木

❺平面的な物品・物体は、「枚」または「面」で数える。
〈例〉 1枚の地図／むしろ、ござなど15枚／碁盤1面／
テニスコート4面

❻機械、器具、車両、固定した施設などは、「台」または「基」で数える。
〈例〉 テレビ1台／カメラ3台／4台の自動車に分乗／
1基の石塔／2基のクレーン／ガスタンク3基

❼船舶は「隻」、航空機は「機」で数える。ただし、小型の舟艇を「そう（艘）」、また場合によって、航空機を「台」、車両を「両」で数えることもある。
〈例〉 1隻の貨物船／潜水艦3隻／戦闘機30機／はしけ3そう／
5台の飛行機に分乗／8両編成の列車

❽主として手に持って使う器具、道具、銃器などは「丁」で数える。
〈例〉 ノミ1丁／小銃10丁／スキ、クワなど5丁

❾建物は「棟」で数える。ただし、住居の単位としては「戸」または「軒」を使う。
〈例〉 倉庫1棟、工場など5棟、住宅21棟を全焼／
床下浸水100戸／住宅1,000戸を新築

❿種類の異なる物品、物体を一括して数える場合は、「点」または「件」を使う。
〈例〉 いす、テレビ、カメラなど20点／
衣類、時計、宝石など15点／土地、建物3件

⓫束ねたものは「把（わ）」または「束」で数える。
〈例〉 ホウレンソウ2把／ホウレンソウ1束

⓬商品の種類を数える場合は「品目」などを使う。
〈例〉 低脂肪乳、チーズなど13品目

数量の数え方・使用例

あ行

網＝張（はり）、帖
遺骨＝体（抽象的には「柱」）
石灯ろう＝基、個
いす＝脚、個
板＝枚
遺体＝体
位はい＝柱（ちゅう）
植木＝鉢（鉢植え）、株（土植え）
牛＝頭
宇宙船＝台、隻（そう）
うちわ＝本
映画＝本（フィルムとしては「巻」）
エスカレーター＝台、基
エレベーター＝台、基
演劇＝幕、本、作
エンジン＝台、基（小型は「個」）
演能＝番
置き物＝個
おけ＝個、荷
織物＝反（たん）

か行

カーテン＝枚、張
絵画＝点、枚、幅
貝がら＝個、枚
鏡＝面、枚（鏡台は「台」）
額＝面
掛け軸＝本、幅（ふく）、対、軸
かさ＝本、張（和がさ）
刀＝本（特殊な場合は「振り」）、口、腰
活字＝本
滑走路＝本
かつら＝個
花弁＝枚、片（ひら）
紙＝枚、締め、連
カメラ＝台
蚊や＝張
気球＝機
ギター＝本、台、丁
寄付＝口
草花＝本、株、輪、鉢
薬（粉薬・散剤）＝服、包
薬（錠剤・丸薬）＝錠、粒
靴、靴下＝足
ゲレンデ＝面
原子炉＝基
コース＝本
琴＝面、張り
碁の対局＝局、番
古墳＝基
ゴルフ場＝面
こんにゃく＝丁、枚
コンピュータ＝台

さ行

材木＝本（棒状のもの）、枚（板状のもの）
さお＝本、振、竿
皿＝枚、組、口
敷物＝枚
滴（しずく）＝滴
自転車＝台
自動車＝台、両（大型トラックなど）
写真＝枚、葉
シャツ＝着、枚
三味線＝挺（ちょう）、さお
重箱＝組、重（かさね・じゅう）
じゅず＝具、連
樹木＝本、株
将棋の対局＝局、番
人工池＝面
人工衛星＝個
神社＝社
神体＝座、柱、体
すずり＝面
ズボン＝本、着
墨＝挺、本

相撲＝番
星雲＝個、群
石碑＝基、台
設計図＝枚
背広＝着、揃
扇子＝本
そろばん＝面、挺

た行

太鼓＝個、台、張
大砲＝門
タオル＝枚、本
たこ＝杯（はい）
畳＝畳、枚
田畑＝枚、面
足袋＝足
たる＝個、荷、駄
弾丸＝発、弾
たんす＝本、さお
反物＝反、本、匹
茶器＝揃、席、組
彫塑＝個、体、台
ちょうちん＝張
机＝台、脚
鼓＝個
（刀の）つば＝個、枚
鉄道線路＝本
手袋＝組、足、双（そう）
テレビ＝台
電気スタンド＝台、個
電報＝本
電話機＝台
と石＝挺（丁）
塔＝基
投票＝票
豆腐＝個、丁
道路＝本
灯ろう＝基
時計＝個、台
土俵＝面

な行

なべ＝個
荷物＝個、荷、梱（こり）
鶏＝羽
人形＝個、体

ノート＝冊
のれん＝枚、張

は行

バイオリン＝挺（丁）
墓＝基
はし＝具、膳
橋＝基、本
花＝本、束、輪
ピアノ＝台
飛行機＝機（機体）、便（運航）
びょうぶ＝帖、双（そう）
びわ＝面、揃
笛＝本、管
仏像＝体、座
ぶどう＝房、粒
ふとん＝枚、組
プラットホーム＝本、面
ベッド＝台
帽子＝個

ま行

巻き物＝巻、本、軸
幕＝張り、枚
枕＝基、個
豆＝粒
ミサイル＝発、機（発射台は「基」）
むしろ＝枚
めがね＝個
モーター＝個、台、基

や行

やり＝本、筋、条
弓＝張（はり・ちょう）
溶鉱炉＝基
養殖池＝面
洋服＝着、組、揃
よろい＝領（りょう）

ら行

ラジオ＝台
ラッパ＝個、本
料理＝品、人前、皿
列車＝本、両
ロケット＝台、機
論文＝編、本

敬語の基礎知識

　敬語の基本として第一に知っておきたいのは、敬語には「尊敬語」「謙譲語」「丁寧語」の３種類があるということ。
　尊敬語は、相手にかかわるものや相手の動作につけて敬意を表すもの、簡単にいえば相手を敬う言葉。
　謙譲語は、自分にかかわるものや自分の動作につけて、へりくだった気持ちを表すもの。
　丁寧語は、言葉そのものを丁寧に表現することで相手に敬意を払うもの。
　以下、この３種類について例を挙げてみる。

尊敬語

❶それ自体が尊敬の意味を持つ名詞。
　陛下・殿下・先生・あなた　など

❷尊敬の意味を表す接頭語・接尾語を付ける。
　お顔・み仏・おみ足・ご出発
　鈴木氏・島田様・父上　など

❸尊敬の意味を表す漢字を加えた熟語にする。
　貴社・尊台・令息・芳名・高配・厚情・玉稿・恵与　など

❹それ自体が尊敬の意味を持つ動詞。
　おっしゃる・いらっしゃる・なさる・召し上がる　など

❺動詞に尊敬の助動詞を添える。
　書かれる・出られる・来られる　など

❻「お（ご）——になる」「お——あそばす」の形にする。
　お持ちになる・ご覧になる・お着きあそばす　など

謙譲語

❶ それ自体が謙譲の意味を持つ名詞。
小生・てまえ・茅屋・落掌・参上　など

❷ 謙譲の意味を表す接頭語・接尾語を付ける。
私ども・せがれめ　など

❸ 謙譲の意味を表す漢字を加えた熟語にする。
小著・拙宅・愚考・粗品・弊社・卑見・拝察・謹呈　など

❹ それ自体が謙譲の意味を持つ動詞。
申す・申しあげる・まいる・いたす・いただく　など

❺ 「──（さ）せていただく」「──あげる」の形にする。
検討させていただく・願いあげる　など

❻ 「お──する」「お──申しあげる」などの形にする。
お持ちする・お待ち申しあげる・お読みいただく　など

丁寧語

❶ 接頭語の「お」「ご」などを付ける。
お米・お水・ご本・お暑い　など

❷ 「です」「ます」「ございます」を付ける。
私は山本です。午後に行きます。弟でございます。

注｜敬語で特に注意を要するのは、尊敬語と謙譲語を取り違えないこと。上に挙げた尊敬語と謙譲語の例は、①～⑥の番号がそれぞれ対応している。同じ番号を比べてみて、区別をハッキリさせておくことが大切である。

メールの書き方

　現代のビジネスや生活において、メールは必要不可欠のツールとなった。1日の大半の時間を、メールに費やしている人も多いだろう。
　メールの書き方を理解することは、社会人としての常識であり、仕事の効率にもつながる。

1　件名

　件名は、ひと目で理解できるように、具体的かつ簡潔に書く。文頭に要件の種類を入れることで、ひと目でどんなメールか分かるようにできる。また、初めてメールを送る相手には、社名と名前を加えることで、不審なメールと思われないようにする。
　〈例〉18日のセミナー出欠に関して
　　　　【依頼】情報誌「〇〇」取材ご協力のお願い(スクール東京 鈴木)

2　宛名

❶敬称

　「様」「各位」など、受け手に合わせて正確に使う。(Ⅴ章25参照)

❷肩書

　会社名や肩書は略さずに正確に書く。名前はフルネームで書く。(Ⅳ章15、16、18参照)

3　署名

　署名には、適切な情報を書くこと。受け手が、電話や郵便を送る際に困らないよう、以下の項目を参考に署名をつくる。

・自分の氏名
・会社、団体名　所属部署
・会社、団体の住所・電話番号・ファックス番号
・会社、団体のホームページURL

　他にも、会社情報や商品PRを入れることもできる。

4 本文

❶あいさつ

相手との関係を考慮して、適切なあいさつを選ぶ。

〈一般的なあいさつ〉
　「お世話になります」
　「いつもお世話になっております」

〈初めてメールを送る場合〉
　「はじめまして」
　「突然のご連絡で失礼いたします」

〈久しぶりにメールを送る相手の場合〉
　「お久しぶりです」
　「ごぶさたしております」

❷自分の名前

　あいさつの後は、自分の名前と所属を明記して、差出人が誰であるかを明らかにする。

❸用件
・1つのメールには、1つの用件のみ書く。
・こまめに改行をし、段落ごと、あるいは3〜4行ごとに1行アキにする。
・用件が複雑になる場合は、箇条書きを用いる。

5 結び

用件を伝え終わったら、結びの言葉を添える。
　〈例〉「何卒よろしくお願いいたします」
　　　　「取り急ぎ、メールにて失礼いたします」
　　　　「ご返信いただけますと幸いです」

スクール東京式
原稿チェックの方法

　文章を何回も書き直す場合、間違いや確認漏れが起こりがちである。以下のチェック方法を使えば、ミスなく原稿をチェックできる。

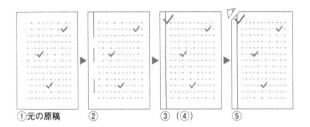

①元の原稿　②　③（④）　⑤

①間違いや確認すべき項目に、チェックを入れる。
②チェックした項目のページの左端に、検査済みの縦線を引く。
③ページの天地が1本の線でつながったら、チェック完了である。線の上部に、大きな「✓」印を付ける。

裏面があれば、
④裏面の文章にも、同じように①②③のやり方でチェックする。
⑤表面も裏面も「✓」印を付けたら、ページ左端または右端を切り落とす。

　※1　この方法以外のやり方をすると、必ず漏れが出る。
　※2　この方法より、「確実で速い方法」があれば、筆者にお知らせください。

索引

あ行

あ

あいまいな表現	42, 109, 116
悪文	26, 129
「足かけ」の使い方	160
当て字	25, 26, 224
誤りやすい表記	212
「あるいは」の使い方	191

い

「以上」「以下」	158
1 文の長さ	55, 61
一貫性（書き方の統一）	55, 80, 141, 156
インターネットでの情報	25
引用（文）	94

お

欧文表記	139, 140
多くの文章を書く	28
大文字	140
送り仮名	194 ～ 201
面白い文章	15, 17
お役所言葉	104
「および」の使い方	192, 193
音読みの表現	93

か行

か

「〜化」の使い方	116
「が」の使い方	60, 118, 182, 187
改行の原則	77
外国語の表記	108, 137, 139, 140
概数	155, 157
改善ノート	18
会話文	91
係助詞	182
書き写す	26

カギカッコ	69, 94, 164, 169, 172, 174
書き出し	43〜45, 55, 58, 122
格助詞	182
歌詞の転載	95
箇条書き	81
硬い文章	96, 102, 104, 113, 116, 131
肩書	146, 167, 207
カタカナの複合語	136
カタカナ表記	137, 138, 141, 167
カッコ（書き）	105, 108, 110
活用語尾	194〜196
かなづかい	202
「必ず〜」の使い方	114
「から」の使い方	184
漢語調の表現	102
漢字	113
漢字とかなの使い分け	113, 128〜132
漢数字	152, 155, 157, 171
官庁用語	104
感動させる文章	16
カンマ	153, 154, 165
慣用句	152

き

期限を決めて書く	18
ぎごちない文章	24, 27, 100
基準値	158, 159
起承転結	14, 22, 34, 58
気のきいた文章	92
決まり文句	98, 151
業界用語	105
強調（の方法）	57, 114, 138, 174
切り口	15
切り抜き	29

く

クォーテーションマーク	94, 165
具体的な表現	84, 90, 106, 180
句点	67〜70, 81, 164, 170
くどい文章	65
句読点	67〜75
位取り	153, 154
グラフの説明	179, 180
繰り返し符号	165

| 訓読みの表現 | 93 |

け

敬語	204 ～ 206, 224, 225
敬称	67, 146, 167, 207
結論	14, 22, 35, 47, 50, 58, 82
謙譲語	204, 205, 224, 225
原文	94

こ

口語	103
肯定文と否定文	82, 83
声に出して読む	14, 24, 26, 27, 66, 71, 118, 193
心に残る文章	17
故事	90
誤字（の訂正）	215
語順	57
「〜こと」の使い方	121
ことわざ	90
「このほど」の使い方	85, 162
コピーを付ける	30
ごまかしの文章	25
小文字	140
固有名詞	31, 113, 142, 152

さ行

さ

「最近」の使い方	162
3W	21
3点リーダ	57, 164, 168, 171
算用数字	152 ～ 154, 157

し

「〜し」の使い方	60
指示語	106
辞書を引く	25, 210, 213
下書き	14
社名	144
修飾（語）	37, 53, 66, 73
集中力	18
「周年」の使い方	160
重文	36
重要度の順番	52
熟語	96, 213, 214

熟語動詞	96
主語と述語	37, 53, 74
主語を省く	54
主題	35, 51
出典	94
小数点（終止符）	154, 165
冗長な文章	60
情報	16, 25, 182
常用漢字	128, 133
助詞	55, 60, 117〜119, 131, 132, 182
助数詞	220
助動詞	131, 132, 186
序論	14, 35
人生観	16
新聞	29, 38, 74, 212
人名	68, 143, 146

す

推敲	26
数値の範囲	156
図（表）	14
図を用いた説明	176〜180

せ

「〜性」の使い方	116, 167
清潔な文章	15, 17
正式名称	135, 144
西暦表示	153, 154, 156, 163
責任逃れの表現	42, 111
接続詞	72, 76, 131, 132, 191, 199
接続助詞	187, 211
説得力のある文章	23, 25, 42, 84, 114
説明文	48, 178
「先日」の使い方	162
センス	28
専門用語	105

そ

俗字	214
尊敬語	204〜206, 224, 225

た行

た

「〜だ」の使い方	120
体言（止め）	56, 72, 120, 182
タイトルを付ける	30, 38, 178
代名詞	56
濁音	202
ダーシ	165, 169〜171
脱字	25, 26
たとえ話	89
単位記号	140
単位数字	152, 154, 157
断定（形）	42, 45
単文	36
短文	43, 57, 61, 82

ち

長音符号	144
重複表現	62, 66, 207
直訳調の表現	100

て

「で」の使い方	186
「〜である」の使い方	125
である調	40, 41
定義の文章	87, 88
丁寧語	224, 225
TPO（時・場所・場合）	23
「〜的」の使い方	116, 166
テクニック	16
です・ます調	40, 41
「では」の使い方	54, 182
テーマ	22, 38

と

「と」の使い方	192, 193
「〜という」「〜と言う」の使い方	123
同音異義語	213
動機	14
同訓異字	213
動詞	119, 196
読点	71〜75, 164, 191, 192
遠回しな文章	101
登録商標	145

独自の言い回し	92

な行

な
「ないし」の使い方	191
内容をぼかす表現	42
中黒	72, 136, 144, 164, 166, 193
「など」の使い方	188 〜 190, 192

に
「に」の使い方	183
二重カギカッコ	94, 164, 172
二重敬語	206
二重線	215
二重否定の表現	112
日時の表現	85

ね
年号表示	163

の
「の」の使い方	119, 185

は行

は
「は」の使い方	54, 117, 182
迫力のある文章	25, 84
初めての用語	134
話し言葉	124

ひ
ビジネス文書	40, 117, 182
被修飾語	53
1つの解釈しかできない文	78
独り善がりの表現	24, 26, 50
ひらがな	44, 113, 128, 129, 188
ひらめき	14
ピントを合わせる	20

ふ
フェイク・ニュース	25
副詞（句）	109, 131, 194, 199, 208
複文	36
符号	164

プラス思考	18
「ぶり」の使い方	160
文語	103
文語調の表現	103, 191
文章の組み立て方	34
文章の公表時期	161
文章の順番	47, 51, 52
文章の素材	19
文章のリズム	26, 43, 56, 112, 125, 168
文体	26, 40, 103
文頭と文末	55
文の構造	36
文の分割	61
文末の表現	40, 42, 56, 67, 120

へ

「へ」の使い方	183

ほ

傍点ルビ	174
法令	135
「ほか」の使い方	189, 211
本論	14, 35

ま行

ま

マイナス思考	18
紛らわしい用語	211
「または」の使い方	191
間違いのない文章	24
丸カッコ	164, 173
回りくどい表現	101, 115

み

見出し	14, 38, 39
見出し符号	175
魅力ある文章	34

む

難しい漢字	129

め

「目」の使い方	160
名詞	132, 142, 145, 164, 191, 194, 197, 198, 201

メールの書き方	226
メモ	14, 16

も

物の数え方	220 〜 223
問題意識	29

や行

や

「や」の使い方	211
やさしい文章	15, 17

ゆ

有意義な文章	15, 17

よ

よい文章	14, 16 〜 18, 27
拗促音（ようそくおん）	144
読みがな	128, 129, 167
読み比べる	26
読みながら書く	24
「より」の使い方	184

ら行

ら

「ら」の使い方	190
ら抜き言葉	203

り

略語	135, 139 〜 141, 165
略字	214
臨場感のある文章	23, 91

る

類語辞典	210
ルビ	129

れ

連体詞	131, 132, 194, 199

わ行

わ

分かりやすい日本語（言葉）	98, 100, 102 〜 104
和語の動詞	96

「私は〜」の使い方	122

を
「〜を行う」の使い方	115
「〜をはじめ」の使い方	211

ディスカヴァーのおすすめ本

10年前から売れている、文章術のベストセラー

伝わるシンプル文章術
飯間浩明

早稲田・成城大学の名講義が書籍化！問題→結論→理由。この「シンプルな形式」に落とし込めばだれでもすぐに「伝わる文章」が書ける！10年以上読まれているベストセラーが新装版で登場！

定価 1500 円（税別）

＊お近くの書店にない場合は小社サイト（http://www.d21.co.jp）やオンライン書店（アマゾン、楽天ブックス、ブックサービス、honto、セブンネットショッピングほか）にてお求めください。挟み込みの愛読者カードやお電話でもご注文いただけます。03-3237-8321 ㈹

悪文・乱文から卒業する　正しい日本語の書き方

発行日　2018年　10月20日　第1刷

Author	スクール東京
Book Designer	遠藤陽一（DESIGN WORKSHOP JIN,Inc.）
Publication	株式会社ディスカヴァー・トゥエンティワン

〒102-0093　東京都千代田区平河町2-16-1　平河町森タワー11F
TEL　03-3237-8321（代表）
FAX　03-3237-8323
http://www.d21.co.jp

Publisher	干場弓子
Editor	藤田浩芳　渡辺基志

Marketing Group

Staff	小田孝文	井筒浩	千葉潤子	飯田智樹	佐藤昌幸
	谷口奈緒美	古矢薫	蛯原昇	安永智洋	鍋田匠伴
	榊原僚	佐竹祐哉	廣内悠理	梅本翔太	田中姫菜
	橋本莉奈	川島理	庄司知世	谷中卓	小木曽礼丈
	越野志絵良	佐々木玲奈	高橋雛乃		

Productive Group

Staff	千葉正幸	原典宏	林秀樹	三谷祐一	大山聡子
	大竹朝子	堀部直人	林拓馬	塔下太朗	松石悠
	木下智尋				

Digital Group

Staff	清水達也	松原史与志	中澤泰宏	西川なつか	伊東佑真
	牧野類	倉田華	伊藤光太郎	高良彰子	佐藤淳基

Global & Public Relations Group

Staff	郭迪	田中亜紀	杉田彰子	奥田千晶	連苑如

Operations & Accounting Group

Staff	山中麻吏	小関勝則	小田木もも	池田望	福永友紀
Assistant Staff	俵敬子	町田加奈子	丸山香織	井澤徳子	藤井多穂子
	藤井かおり	葛目美枝子	伊藤香	鈴木洋子	石橋佐知子
	伊藤由美	畑野衣見	井上竜之介	斎藤悠人	平井聡一郎
	宮崎陽子				

Proofreader　文字工房燦光
DTP　株式会社RUHIA
Printing　共同印刷株式会社

・定価はカバーに表示してあります。本書の無断転載・複写は、著作権法上での例外を除き禁じられています。インターネット、モバイル等の電子メディアにおける無断転載ならびに第三者によるスキャンやデジタル化もこれに準じます。
・乱丁・落丁本はお取り替えいたしますので、小社「不良品交換係」まで着払いにてお送りください。

http://www.d21.co.jp/contact/personal
ISBN978-4-7993-2373-1
ⓒSchool Tokyo, 2018, Printed in Japan.